FRENTE A LA TENTACIÓN

¿cómo resistir?

Alfred Kuen

EDITORIAL CLIE
C/ Ferrocarril, 8
08232 VILADECAVALLS
(Barcelona) ESPAÑA
E-mail: libros@clie.es
http://www.clie.es

© 2013 Alfred Kuen

«*Cualquier forma de reproducción, distribución, comunicación pública o transformación de esta obra solo puede ser realizada con la autorización de sus titulares, salvo excepción prevista por la ley. Diríjase a CEDRO (Centro Español de Derechos Reprográficos, www.cedro.org <http://www.cedro.org>) si necesita fotocopiar o escanear algún fragmento de esta obra*».

© 2013 Editorial CLIE

FRENTE A LA TENTACIÓN
¿cómo resistir?
ISBN: 978-84-8267-880-1
Depósito Legal: B.17684-2013
MINISTERIOS CRISTIANOS
Consejería y Restauración
Referencia: 224818

Impreso en USA / Printed in USA

CONTENIDO

Introducción 7

Capítulo 1 – Tentaciones y pruebas 9
¿Qué es una tentación? 9
¿Tentación o prueba? 11
"No nos metas en tentación" 13
El mecanismo de la tentación 14

Capítulo 2 – Desde Adán hasta Elí 21
La tentación de Adán y Eva 22
La tentación de Caín: los celos (Gn. 4) 28
La mujer de Lot: el corazón dividido (Gn. 19) 30
La degeneración de Lot (Gn. 17-19) 31
Miriam: el pecado de la lengua (Nm. 12) 34
Sansón: víctima de su sensualidad (Jue. 13-16) 35
Elí: demasiado débil ante sus hijos (1 S 3:21) 37

CAPÍTULO 3 – En el tiempo de los Reyes 39
Saúl: pecados del carácter (1 S 15) 39
La tentación de David fascinado
  por Betsabé (2 S 11) 41
Salomón: la tentación en la vejez (1 R. 11) 54
El joven profeta: náufrago por
  desobediencia (1 R. 13) 55
Elías: la tentación de la huida
  en una depresión (1 R. 19:1-4) 56
Giezi: tentado por las riquezas (2 R. 5:20-27) 60
Asa: la tentación de no arrepentirse (2 Cr. 16) 61
Uzías: la tentación del abuso
  de poder (2 Cr. 16:16-21) 62

CAPÍTULO 4 – En el tiempo
del Nuevo Testamento 65
Judas: el amor al dinero 65
Ananías y Safira: la mentira concertada
  (Hch. 5:1-11) 66
Demás: el amor hacia el mundo (2 Ti. 4:10) 67
Himeneo, Alejandro y Fileto: el naufragio
  en cuanto a la fe (1 Ti. 1:20; 2Ti. 2:17) 68
Los laodicéos: la tentación
  de la tibieza (Ap. 3:14-22) 69
Pedro: un náufrago perdonado 70
Una pregunta muy seria 72

CAPÍTULO 5 – En el palmarés de los vencedores 77
Abraham 77
José 80

Moisés 85
Ana 87
David 88
Job 89
Ester 90
Bernabé 91

CAPÍTULO 6 – Las tentaciones de Jesús 95
¿Por qué tenía Jesús que ser tentado por el diablo?. 95
La primera tentación:
    – Transformar piedras en panes (Mt. 4:3-4) 107
La segunda tentación:
    – Echarse desde lo alto del Templo (Mt. 4:5) .. 113
La tercera tentación:
    – El ofrecimiento del dominio del mundo 118
Diferentes tentaciones de Cristo durante su ministerio
    – Después de la multiplicación del pan 124
    – Camino de Cesarea de Filipo (Mc. 8:27-33) 125
    – El después de Cesarea 126
    – Dos escapatorias para el desenlace final 132
    – "Las últimas tentaciones de Cristo" 137

CONCLUSIÓN 139
¿Cómo resistir a la tentación? 139
Y si se demora la victoria... 146

INTRODUCCIÓN

"El mal está aquí y Satanás ruge;
Oíd, amigos, ¿tenéis miedo?"
Así empieza un viejo canto de los *Chouans (NdT. campesinos insurreccionados bretones y normandos del último decenio del siglo XVIII)*. ¡Pues sí! ¡El mal está aquí! Los filósofos y teólogos se pueden romper los cuernos sobre su origen, pero nosotros, el pequeño pueblo de infantería cristiana, nos vemos cada día enfrentados a su realidad mediante diversas tentaciones a las que estamos expuestos.

Adán y Eva fueron tentados como Caín, Lot, Miriam, Sansón, Elías, Saúl, David, Salomón, Eliseo, Giezi, los reyes Uzías y Asa, Judas, Pedro, Ananías y Safira cuya historia nos cuenta la Biblia. Todos han sido tentados. Los tres evangelios sinópticos nos relatan que en el principio de su ministerio, Jesús fue tentado por el *diablo*. Otra vez, algo real de lo que el hombre de hoy se burla pero que la Biblia presenta como una realidad, algo en que creía Jesucristo, y que prueba su existencia por todo el mal que suscita en este mundo.

"Oíd, amigos, ¿tenéis miedo?"
Y ¿cuál es la respuesta del estribillo?
"Sólo tenemos miedo de una cosa en el mundo, ofender a nuestro Señor".
"Satanás, bailando en corro a vuestra puerta, asaltará vuestro corazón".
¿Antídoto?
"Sólo amamos a uno en el mundo, amamos a nuestro Señor".
"Dinero, placeres, cuando todo esto abunda, ¿esperamos mayor felicidad?"
"Dinero, placeres" son dos de las tentaciones más típicas que se nos presentan: la riqueza, el poder, el ascenso, "las cosas", gozar, tener una aventura sentimental... Todas estas tentaciones las experimentaron hombres y mujeres de la Biblia, y "estas cosas les acontecieron como ejemplo, y están escritas para amonestarnos a nosotros ("para que saquemos de ellas enseñanzas" BS Bible du Semeur - *NdT. de ahora en adelante, mi traducción de esta versión francesa: Biblia del Sembrador*), a quienes han alcanzado los fines de los tiempos" 1 Co. 10:11. Observando el modo por el cual estos creyentes resistieron o sucumbieron a la tentación, aprendemos como no sucumbir a ella.

"Dinero, placeres, cuando todo esto abunda,
¿esperamos mayor felicidad?
Sólo tenemos una esperanza en el mundo: la victoria del Señor".

Victoria en nosotros, primero, para ayudarnos a vencer nuestras tentaciones. Victoria en el mundo para que se establezca Su reino.

CAPÍTULO 1

Tentaciones y pruebas

¿Qué es una tentación?

El diccionario la define como "una atracción hacia algo prohibido, un movimiento interior que incita al hombre al mal". Entre las palabras relacionadas encontramos: deseo, atracción, ganas... Es una ocasión que se nos presenta para realizar algo que sabemos que es malo, pero que nos promete un placer: mentir, vengarse, emborracharse... Los ejemplos que vamos a estudiar en los capítulos de la sección siguiente: "En el cementerio de los náufragos" nos mostrarán la gran variedad de formas que toma la tentación.

Todo placer legítimo puede convertirse en una ocasión de tentación cuando se nos presenta fuera del marco ideado por Dios (una relación sexual fuera del matrimonio) o en unas proporciones exageradas (comer, beber, leer, mirar la tele, jugar en el ordenador...). Por otra parte, lo que es bueno para alguien puede resultar ser una tentación para otro: comer una fruta con un alto nivel de azúcar es una tentación a la que debe resistir un diabético; un ex-alcohólico rechazará el vaso de vino que otro podrá beber sin problema. Pasa lo mismo con todas las dependencias: droga, juego, pornografía...

La tentación puede también manifestarse únicamente en la esfera mental. Pr. 24:9 dice que "el pensamiento del necio es pecado", lo que podemos entender como las ganas de hacer locuras (actos reprensibles). Jesús dijo que la mirada de deseo dirigida hacia una mujer equivale a un adulterio, Mt. 5:28, y el apóstol Juan apunta que el que odia es tan culpable como el asesino, 1 Jn. 3:15. Albergar pensamientos culpables puede llevar a cometer actos culpables, pero el pensamiento en sí ya es reprensible. Si se me presenta semejante pensamiento, debo rechazarlo, pues resulta ser una tentación.

"El corazón del hombre se da a conocer en la tentación... Siendo tentado, el hombre conoce su corazón", decía Dietrich Bonhoefer. Efectivamente, lo que nos tienta revela en nosotros una necesidad no satisfecha – quizás desde nuestra tierna infancia. Para alguien, se tratará de ternura, para otro, de poseer cosas, dinero para comprarlas, o el poder. Oswald Chambers dice que "las disposiciones interiores de la personalidad de alguien determina lo que le tienta desde fuera. La tentación pone a la luz las potencialidades de nuestra naturaleza". Una tentación a la que hemos sucumbido es prueba que la razón por la que no hemos pecado antes debía ser la vergüenza o la timidez.

La tentación siempre nos ataca en nuestro punto de mayor vulnerabilidad.

En nuestro mundo actual, tentación equivale a: experiencia sexual. En Internet, el primer sitio bajo este mismo nombre propone un "club libertino de intercambio de parejas". "La isla de la tentación" es un programa para parejas dispuestas a entrar en este juego. Así que, podemos entender que para personas que no se sientan atadas por normas éticas, "la mejor manera de resistir a la tentación es ceder a la tentación" y que "ningún recuerdo de nuestra memoria deja mayor insatisfacción que una tentación a la que hemos resistido" (James Branch Cabell) o como lo decía Oscar Wilde: "Puedo resistir a todo menos a la tentación". Dado que, para ellos, la aventura sentimental (=sexual) es positiva.

¿Tentación o prueba?

La tentación es una incitación al mal a la que se trata de resistir, la prueba es un test sobre nuestras capacidades (las pruebas de selectividad) que puede tener resultados positivos. "Que nadie, ante la tentación, diga: 'Es Dios quien me tienta.' Porque Dios no puede ser tentado por el mal y él no tienta a nadie" Stg. 1:13, pero probó a Abraham, Gn. 22:1.

Las palabras griegas que designan la tentación y la prueba derivan de la raíz *peira*: intento, prueba. El sustantivo *peirasmos* quiere decir: el examen o la tentación; el verbo *peirazô*: probar. La traducción griega del Antiguo Testamento emplea este verbo para 'tentar a Dios': ponerle a prueba, BS: retarle, querer forzarle la mano (p. ej. Sal. 78:41: "Nuevamente, retaban a Dios y entristecían el Santo de Israel").

El Nuevo Testamento emplea 36 veces el verbo tentar (12 de las cuales se encuentra en los Evangelios, en la tentación de Jesús), y 21 veces el sustantivo que puede traducirse por 'tentación' ("Cuando el diablo terminó de someterle a todo tipo de *tentaciones*, se alejó de él hasta el tiempo fijado."BS) o 'prueba': "'La semilla que cae sobre las piedras' se refiere a los que oyen la Palabra y la aceptan con gozo; pero, como no le dejan echar raíces en ellos, su fe es pasajera. Cuando viene la prueba, abandonan todo" Lc. 8:13 BS. Según las versiones, encontramos esta palabra en un mismo pasaje traducido a veces por tentación o por prueba. Al final de su vida, Jesús dijo a sus discípulos: "Os habéis quedado fielmente conmigo durante mis pruebas" Lc. 22:28 BS. Darby traduce: "Pero vosotros sois los que habéis perseverado conmigo en mis tentaciones".

Satanás puede emplear cualquier cosa para incitar al hombre a pecar: incluso la ausencia de relaciones matrimoniales: "No os neguéis el uno al otro, a no ser por algún tiempo de mutuo consentimiento, para ocuparos sosegadamente en la oración; y volved a juntaros en uno, para que no os tiente Satanás a causa de vuestra incontinencia (por vuestra incapacidad para dominar vuestros instintos BS)" 1 Co. 7:5. La inmadurez de los recién convertidos puede también ser un medio. Pablo escribe a los Tesalonicenses: "Por lo cual también yo, no pudiendo soportar más, envié para informarme de vuestra fe, no sea que os hubiese tentado el tentador, y que nuestro trabajo resultase en vano" 1 Ts. 3:5. Jesús fue sometido a pruebas durante todo su ministerio: "Y se acercaron los fariseos y le preguntaron, para tentarle (BS: para tenderle una trampa), si era lícito al marido repudiar a su mujer" Mc. 10:2. "Más él, percibiendo la hipocresía de ellos, les dijo: ¿Por qué me tentáis? (BS: ¿Por qué me tendéis una trampa?) Traedme la moneda para que la vea" Mc. 12:15. "Y he aquí un intérprete de la ley se levantó y dijo para probarle (BS: para tenderle una trampa): Maestro, ¿qué debo hacer para heredar la vida eterna?" Lc. 10:25; cf. Jn. 8:6.

"Pues en cuanto él mismo padeció siendo tentado, es poderoso para socorrer a los que están tentados" Heb. 2:18; "Porque no tenemos un sumo sacerdote que no pueda compadecerse de nuestras debilidades, sino uno que fue tentado en todo según nuestra semejanza, pero sin (BS: cometer) pecado" Heb. 4:15.

Toda tentación es también una prueba y toda prueba puede ser considerada como tentación. Si los hombres que sucumbieron a lo largo de siglos hubieran resistido, esto les habría acercado a Dios y fortalecido para resistir a los ataques del Enemigo en estas mismas áreas.

Jesús nos pide que empleemos la oración para luchar contra la tentación: "Velad y orad, para que no entréis en tentación; el espíritu a la verdad está dispuesto, pero la carne es débil (BS: el espíritu del hombre está lleno de buena voluntad, pero la naturaleza humana es muy débil)" Mt. 26:41. En la oración modélica que Jesús enseñó a sus discípulos, les hace pedir a Dios: "guárdanos de ceder a la tentación". "Y no nos metas en tentación".

"No nos metas en tentación"

Esta traducción habitual de la sexta petición del Padrenuestro plantea un problema: ¿cómo conciliar dicha petición con la afirmación de la carta de Santiago?: "Cuando alguno es tentado, no diga que es tentado de parte de Dios; porque Dios no puede ser tentado por el mal, ni él tienta a nadie; sino que cada uno es tentado cuando de su propia concupiscencia es atraído y seducido (BS: son los malos deseos que llevamos dentro los que nos atraen y nos seducen). Entonces la concupiscencia, después que ha concebido, da a luz el pecado; y el pecado, siendo consumado, da a luz la muerte" Stg. 1:13-15.

J. Ellul dice que "la famosa traducción: 'No nos metas en tentación' o 'no nos sometas a la tentación' es absurda" (*Si tu es le Fils de Dieu - Si eres el Hijo de Dios - p.17*).

La traducción que hace la Bible du Semeur (Biblia del Sembrador): "Guárdanos de ceder a la tentación", implica que:

- Podemos ceder a ella; la tendencia al mal está siempre en nosotros. Seremos liberados de la 'carne' y del 'viejo hombre' sólo cuando estemos en la presencia de Cristo, es decir después de nuestra muerte.
- Somos conscientes del hecho de que no tenemos en nosotros la fuerza para resistirla; por lo tanto acudimos a Dios.

- Él puede guardarnos para que no cedamos.
- La tentación es una fuerza exterior que nos atrae, a la que podemos ceder o resistir. Finalmente nuestro Yo decidirá.
- ¿Por qué ceder? Porque me atrae el placer; me da la gana; me cansa resistir. ¿Por qué siempre privarme? ¡Los demás no tienen tantos escrúpulos! No soy Don Quijote que nunca conoció los placeres de la vida ¡Sólo se vive una vez!
- ¿Por qué negarse a ceder? Porque soy cristiano y como tal tengo un Amo que condena lo que tengo ganas de hacer, llamándolo 'pecado'. José dio a la mujer de Potifar la siguiente razón para explicar su rechazo: "¿Cómo, pues, haría yo este gran mal, y pecaría contra Dios?" Gn. 39:9.
- Puedo también imaginarme todas las consecuencias negativas que acaecerían si cediera a la tentación. David cedió. Dios le perdonó, pero no le libró de las consecuencias de su pecado en su familia y en su oficio como rey.

El mecanismo de la tentación

En su carta, Santiago nos presenta el mecanismo de la tentación, Stg. 1:13-15. Cuatro etapas conducen desde la tentación hasta la muerte:

1. La tentación se acerca a nosotros. El pecado que habita en nosotros, Ro. 7:20, nuestra "carne", Gl. 5:16-17 excita nuestros "malos deseos". La palabra utilizada aquí para *deseo* puede también tener un sentido positivo (p.ej. 1 Ti. 3:1). Pero aquí, se trata de la "codicia o concupiscencia de la carne" ("los deseos del hombre abandonado a su suerte" –NdT. Lit. 'entregado a sí mismo'. Ro. 13:14); "el hombre abandonado a su suerte con sus pasiones y sus deseos" Gl. 5:24; "los deseos totalmente humanos" a través de los cuales el diablo puede "seducir mediante el atractivo de

la sensualidad" 2 P. 2:18; "Los malos deseos que animan la sed del hombre, abandonado a su suerte, a poseer lo que atrae a su mirada, y el orgullo transmitido por la adquisición de bienes materiales" 1 Jn. 2:16. En Stg. 1:14, la imagen procede del mundo de la pesca que Santiago conocía bien: el pez es atraído por el cebo, gira alrededor de él, lo examina y no ve el hilo al que va atado. Muerde – y goza por cierto un poco del gusano atado al anzuelo. De momento, no siente todavía ninguna manifestación desagradable de su mordedura. Es cuando el pescador lo engancha que se verá arrastrado contra su voluntad hacia su fatal destino. Cuanto antes mejor.

2. En el v.15, cambia la imagen: el pecado será el fruto de una unión ilícita entre nosotros y el "deseo malo que llevamos en nosotros". Como un hombre atraído por una prostituta, que cede finalmente a sus encantos y se une a ella, así el que cede a la tentación se une al deseo malo. La imagen muestra claramente que la decisión es tomada por el que consiente, con plena responsabilidad, al deseo malo, puesto que "Dios no os dejará ser tentados más de lo que podéis resistir, sino que dará también juntamente con la tentación la salida para que podáis soportar" 1 Co. 10:13 (BS: "Dios no permitirá que seáis tentados más allá de vuestras fuerzas. En el momento de la tentación, preparará la manera de salir para que podáis resistir"). El que cede en esta etapa no ha orado: "guárdanos de ceder a la tentación" o no ha aprovechado la salida que Dios le ofrecía para poder resistir. Santiago dice más adelante: "Someteos, pues, a Dios; resistid al diablo, y huirá de vosotros" Stg. 4:7: dos acciones unidas que permiten la victoria sobre la tentación.

3. Cuando se ha consumido la unión, se concibe el pecado. No existe ninguna "píldora del día después" capaz de

hacer que sea nulo y sin efecto lo que ocurrió entre el deseo malo y nosotros. "Como un bebé está vivo antes de nacer, de la misma manera el pecado puede existir antes de manifestarse en una acción específica y visible. Si algunos pensamientos de codicia van siendo albergados y acariciados, dicha acción de pecado llegará tarde o temprano" (R.V.G. Tasker).[1]

4. El pecado engendra la muerte. En la Biblia, el pecado va siempre ligado a la muerte (física o espiritual). "Como el pecado entró en el mundo por un hombre, y por el pecado la muerte, así la muerte pasó a todos los hombres, por cuanto todos pecaron" Ro. 5:12. La muerte espiritual es la separación de Dios. Cada pecado nos separa de él hasta que es confesado y perdonado.

5. "El pecado se produce a través de un desarrollo que es útil conocer en sus varias fases sucesivas. La tentación procede de la *codicia*, del deseo de lo que es prohibido, Ro. 7:7, de la inclinación al mal. Esta codicia es personificada aquí: *atrae, ceba* la voluntad. Esta última puede resistir, y todo acabará aquí. Pero si cede, si se une con la codicia, esta última *concibe* una resolución que no tarda en convertirse en acción; es lo que plasma la imagen siguiente: *al concebir, da a luz el pecado*. Finalmente, el pecado consumado *engendra* su consecuencia ineluctable, la muerte, muerte espiritual que será eterna a no ser que intervenga un remedio. Podemos preguntarnos donde empieza la responsabilidad del pecador y si la codicia entra ya dentro de la culpabilidad. Por cierto, en el estado de corrupción en el que se halla el hombre, lo que ceba y atrae hacia el mal no es inocente de ninguna manera. Sin embargo, la responsabilidad y la culpabilidad

---

1 *The General Epistle of James* London, Tyndale Press 1969 p. 47.

sólo llegan a ser completas cuando la voluntad, seducida, asiente. Desde este momento, a los ojos de Dios, el pecado existe, es consumado bien sea interiormente en la resolución, bien sea exteriormente en la acción".[2]

La imagen es más coherente en griego que en español dado que *hamartia* (pecado) es del género femenino. "El deseo de la persona que cede a la seducción es representado aquí como una prostitución o un adulterio, más que como una trampa o un anzuelo. La tentación empleó exitosamente todo su arte, que fertilizó, y lleva ahora en sí el producto de esta fecundación. Susurra no obstante a su amante ilegítimo: 'Nadie tiene por qué enterarse'. El fracaso interno de la vida de fe y confianza debe quedar escondido de la mirada de otros. Pero la matriz del corazón no puede ocultar para siempre el fruto ilegítimo; el niño del deseo llega a la madurez, y su nombre es *pecado*. Es una verdad declarada en Marcos 7:21-23 que Santiago tiene en mente: 'Porque de dentro del corazón de los hombres, salen los malos pensamientos... la envidia, la maledicencia, la soberbia, la insensatez'".[3]

Santiago no menciona el papel de Satanás en la tentación. ¿Por qué? C. Vaughan sugiere dos razones: "1. Su intención no fue la de dar una enseñanza técnica sobre el origen del pecado, sino sólo mostrar que la incitación al pecado no podía proceder de Dios. 2. Santiago subraya la naturaleza interna de la tentación de manera que quita del hombre toda excusa por su pecado. Satanás, por cierto, tiene un papel en la tentación, pero Santiago quería evitar que el hombre se defienda echando la culpa sobre alguna fuente externa. No se puede achacar la culpa a Dios, ni al prójimo, ni siquiera a Satanás. El pecado tiene sus raíces en nosotros mismos y debemos llevar la plena responsabilidad de nuestros actos".

---

2 Bonnet-Schoeder: *Le Nouveau Testament expliqué* Vol. 4 Emmaüs 1983 p. 141
3 Ver las diferentes citas de P.H. Davids, J. Cantinat, G. Keddie, D. Moo y F. Vouga sobre este texto en *l'Encyclopédie des difficultés bibliques* (vol. NT 3 : Epîtres générales p. 180-184).

"Las personas y las cosas influyen sobre el corazón corrompido, atizan sus inclinaciones, hacen arder la llama de la pasión, presentan todo tipo de ocasiones e incitan a sucumbir al pecado. Ahora bien, no introducen nada en nosotros, sólo ponen a la luz lo que ya se hallaba desde el principio" (J. Adam).[4]

"La llave de la tentación es la codicia que se halla en cada uno de nosotros, su otra cara siendo el espíritu de poder. Yo diría que la 'codicia' encierra todos los orígenes de la tentación, pero cuando toca el ser humano, toma la forma del espíritu de poder" (J. Ellul *Si tu es le Fils de Dieu* p. 18-19).

"Pero para que exista la tentación, no basta que haya codicia. Podría permanecer encerrada en nuestro corazón y contentarse con torturarnos. Santiago nos dice que uno es 'cebado', atraído y seducido. Es preciso que exista una circunstancia externa... que haga de cebo para la codicia... La tentación es la conjunción de estos dos factores de esta codicia y esta circunstancia. El encuentro no cambia nada si no hay codicia en el corazón. Esta última no se expresa si no hay una oportunidad" (Íd. p. 20-21).

La imagen que usa Santiago y la expresión "codicia de la carne" suele evocar pecados de tipo sexual, pero Santiago alude a otros pecados diferentes que pueden tentarnos:

la ira 1:19,
los pecados de la lengua 1:26; 3:1-12,
juzgar a los demás 2:4; 4:11,
los celos y el espíritu de queja 3:14,
los conflictos y las querellas 4:1,
el orgullo 4:5-6,
la presunción y la jactancia 4:15-16,
los pecados de omisión 4:7,
la avaricia y la injusticia 5:1-6.

---

[4] J. Adam *An exposition of the Epistle of James* Edinburgh, T & T Clark 1867 p. 73.

Diferentes elementos se presentan habitualmente en una tentación: 1. Una promesa de placer. 2. El hecho de que, aún cuando sabemos que está mal ceder, no saldremos mal parados ("Tan sólo una vez... para ver... no hará daño a nadie"). 3. Nadie lo sabrá (excepto Dios, pero como es un Dios de gracia, perdonará – "es su oficio" decía Voltaire).

En la fábula "Los animales enfermos de peste", cuando hace hablar al burro, La Fontaine analizó con cuidado los diferentes elementos de una tentación: "el hambre, la ocasión, el delicado pasto y, creo, algún diablo seduciéndome (NdT: Lit. empujándome)". Tomás a Kempis observaba también la progresión de la tentación en *La imitación de Jesucristo*: "Primero, un simple pensamiento viene a la mente, luego la imaginación despliega su febril labor pintándola con vivos colores, a continuación, nos recreamos en ella, damos un paso en falso y asentimos". Es lo que corresponde al "deseo ilícito" de Santiago: la imaginación se recrea con un pensamiento prohibido y desemboca en una decisión de la voluntad.

Don Anderson dice: "La fórmula puede ser fatal, nuestro deseo, más la sugerencia del diablo = destrucción. Hoy día, pensar que es más fácil obtener el perdón que pedir permiso, amenaza infiltrarse, incluso, en la Iglesia evangélica. ¡Ojalá nunca olvidemos las consecuencias del pecado!... El pecado es el hijo no deseado de una unión ilícita, y el resultado del pecado es la muerte".[5]

---

[5] Don Anderson *James: Running uphill into the wind Neptune* (N.J.) Loizeaux Br. 1990 p. 63.

"En el cementerio de los náufragos"

CAPÍTULO 2

Desde Adán hasta Elí

En uno de los mayores cementerios del mundo, en Olsdorf cerca de Hamburgo, se encuentra un terreno vallado llamado "el cementerio de los náufragos". Los que han sido enterrados allí habían emprendido una noche un crucero sobre el Elba. De repente, poco antes de su entrada en el puerto, el barco dio con un obstáculo y se hundió. Allá, a unos pocos metros del desembarcadero, se ahogaron parte de los pasajeros. Cuando se recuperaron los cadáveres, fueron reunidos en el "cementerio de los náufragos".

Esta historia inspiró a Daniel Schäfer a hacer un paralelismo con lo que aconteció en la vida de un determinado número de hombres y mujeres de la Biblia: habían comenzado bien, luego su fe chocó contra un obstáculo y "naufragaron" (1 Ti. 1:19). Schäfer examina la historia de unos veinte creyentes del antiguo y del nuevo pacto cuyo fracaso ante la tentación nos puede servir de advertencia.⁶ Añadiremos a su lista unos cuantos más cuyas desventuras están relatadas en la Biblia que especifica: "Y estas cosas les acontecieron como ejemplo, y están escritas para amonestarnos a nosotros ("para que saquemos de ellas enseñanzas" BS), a quienes han alcanzado los fines de los tiempos" 1 Co. 10:11.

La tentación de Adán y Eva (Gn. 3)

Adán y Eva⁷ tenían una ventaja inmensa sobre nosotros frente a la tentación: al salir de las manos del Creador, no tenían ninguna inclinación al pecado como la que hemos heredado de nuestros antepasados. La tentación no podía proceder de su fuero interno. Por lo que el Tentador les atacó desde el exterior. Al tomar la forma de una serpiente,⁸ apeló a unas

---

6   D. Schäfer *Auf dem Friehof der Gestrandeten.*
7   La tradición judía hace recaer la responsabilidad de la Caída sólo sobre Eva.
8   Si Satanás se puede disfrazar de "ángel de luz" (2 Co. 11:14), puede haberse aparecido a Eva bajo la forma de una serpiente. Otros pasajes diferentes del NT muestran que, efectivamente, Satanás utilizó el cuerpo de una serpiente para seducir a Eva y a Adán (Jn. 8:44; Ro. 16:20; 2 Co. 11:13; 1 Ti. 2:14). La Bible Annotée dice: "Si examinamos de cerca el relato, veremos que muchos rasgos van más allá de la idea que nos hacemos de un simple animal. La serpiente se da cuenta de la situación; sabe lo que Dios dijo al hombre; tiene pensamientos, e incluso pensamientos muy sutiles, que expresa mediante la palabra; luego tiene una meta bien definida que sigue con gran habilidad. Más allá de estos rasgos que nos revelan la existencia de inteligencia y voluntad en este ser, hay otros que hacen de él un ser malvado, y por consiguiente fuera de la creación que se nos acaba de contar en el Cap. 1. La meta que se propone es desviar al hombre de su deber hacia Dios; y sigue esta meta empleando la mentira. Por lo tanto, no es posible identificarle como uno de los animales que, según el Cap. 1, fueron creados buenos. Finalmente, en el v.15, en la sentencia pronunciada sobre él, se le considera y se le trata como a un ser responsable y por tanto dotado de conciencia y de libertad. Sin lugar a dudas, es por el relato de la Caída, explicado según todos los indicios mencionados, que descansa en el AT la creencia en un ser maligno, llamado Satanás, y el papel de tentador y de acusador de los hombres a él atribuido (Job 1-2; 1 Cr. 21; Zac. 3)... Jesús mismo confirmó este hecho en una declaración decisiva: 'Vuestro padre es el diablo, y deseáis cumplir los deseos de vuestro padre; ha sido homicida desde el principio' (Jn. 8:44). Estas palabras sólo pueden aplicarse al asesinato de la raza humana por el primer pecado. Comp. 2 Co. 11:3" (BA p. 111-112).
H. Blocher dice que el autor "atribuye a la serpiente una longevidad que no es propia de un animal cuando anuncia su derrota final –la suya, no la de su descendencia– después de muchas generaciones de hombres (3:15). El autor tiene que aludir a otro, detrás de la figura de la serpiente. "El Apocalipsis, que responde una vez más al Génesis, da la clave del código. En dos ocasiones explica: 'Y fue lanzado fuera el

tendencias perfectamente legítimas implantadas en ellos: la curiosidad, la sed de conocimiento, las ganas de probar nuevos frutos, el deseo de parecerse a Dios, para incitarles a desobedecer el orden formal que habían recibido de Dios: no comer del fruto del árbol del conocimiento del bien y del mal.

¿Cuál fue el mecanismo para su tentación?

La Serpiente les pregunta: "¿De verdad, Dios os dijo: 'no comáis del fruto de ningún árbol del huerto'?" Gn. 3:1. Al deformar la orden de Dios, la Serpiente "presenta la prohibición como una monstruosa privación. No quiere tanto hacerles dudar de la palabra de Dios sino de su bondad". Describe a Dios "como un ser egoísta, celoso, opresor, represor" (H. Blocher, *Révélation des origines* p. 134-135). "La facultad de raciocinio de Eva ha sido subyugada por la alegación de los celos de Dios, una alegación plausible para una naturaleza gobernada por los sentimientos antes que por la reflexión... El mejor juicio de Adán ha sido subyugado por la influencia personal (Gn. 3:17), no fue engañado" (*Expositor's Greek Testament* in loc.cit.).

En su respuesta al Tentador, Eva recuerda el orden divino (que no oyó ella misma, sino que le fue transmitido por Adán) con algu-

---

gran dragón, la serpiente antigua (del Génesis), que se llama diablo y Satanás' (Ap. 12:9; casi lo mismo en 20:3). El Apóstol Pablo ya presuponía la misma identificación cuando temía que los pensamientos de los Corintios pudieran corromperse, tal como habían sido corrompidos los de Eva por causa de la serpiente (2 Co. 11:3,14; cf. 2:11). El mismo Jesús había contemplado la derrota del Adversario diabólico empleando la imagen de serpientes pisoteadas (Lc. 10:18s.) – probable reminiscencia del Génesis, como lo fue también su alusión al diablo homicida desde el principio, y mentiroso (Jn. 8:44). El libro judeo-griego *Sabiduría* había abierto el camino al interpretar: 'la muerte entró en el mundo por la envidia (los celos) del diablo' (2:24). En cualquier caso, la Escritura no deja duda alguna: ¡la Serpiente, es el Diablo!" La sentencia contra la serpiente (3:15b) predice su derrota final. "En la medida en que esta derrota tiene lugar al término de una larga guerra entre las dos descendencias, y no obstante afecta a la Serpiente misma, es obvio que la Serpiente representa aquí a otro, que perdura mientras se suceden las generaciones: tenemos aquí un indicio más del carácter simbólico de la serpiente" (*Révélation des origines* p. 126-128, 147, 177).

¿Por qué se habla de una serpiente y no de Satanás? Ver EDB (Enciclopedia de las Dificultades Bíblicas) 1 p. 82.

nas modificaciones significativas: Dios había dicho a Adán: "Come *libremente* de los frutos de *todos* los árboles del huerto". Eva omite las palabras *libremente* y *todos*, como si empezara ya a limitar la generosa oferta de Dios. Exagera la severidad de Dios (añadiendo: "ni le tocaréis") y debilita su amenaza (al decir: "para que no muráis" –NdT. Lit. la partícula hebrea PEN que precede muráis "expresa miedo o precaución" según R.J. Williams. En inglés se traduce 'else' o 'lest', en francés 'de peur que'. Equivale a 'por miedo a que' o 'bajo la amenaza de'– mientras que Dios había dicho: "el día que de él comieres, ciertamente morirás"). Acentúa el rigor de la prohibición y atenúa su peligrosidad. Las modificaciones del orden divino presentadas por la mujer muestran que su confianza en su Creador ya había empezado a tambalearse.

El diablo le presenta una caricatura de Dios (no os ama) y una promesa engañosa (seréis como dioses). Apuesta a fondo por la mentira (NdT. la negación hebrea LO se ha traducido aquí 'Mais pas du tout!'/'¡En absoluto!'). Hace una caricatura de Dios ("Dios sabe muy bien que... vuestros ojos se abrirán") y añade otra mentira "seréis como Dios".

Estos argumentos "a medida" convencen a la mujer. "Eva sigue sus impresiones antes que las instrucciones y hace de la auto-realización su meta" (D. Kidner). Observa los frutos prohibidos con una nueva mirada: "la mujer vio... tomó pues... y comió. Dio también a su marido" (Gn. 3:6).

Si queremos llegar al fondo del problema y entender donde se encontraba el error de orientación en el origen de la seducción de Eva y de la caída de Adán, nos es preciso remontarnos al propósito de Dios al crear al hombre y a la mujer. W. Hendriksen dice: "El fue creado para dirigir, ella para seguir... La tendencia a seguir ha sido implantada en el alma de Eva desde que salió de las manos de su Creador... La caída de Eva aconteció cuando no quiso reconocer la posición que le había sido asignada por Dios. En vez de seguir, decidió dirigir... es decir se encaminó en la senda del pecado cuando tendría que haber seguido la vía de la justicia...

Escogió gobernar al que, en este momento, era todavía su marido sin pecado; ahora, tendrá que obedecer a la criatura que, en parte, es obra suya: su marido pecador" (*1-2Tim Titus* London 1964 p. 109-110). H.A. Kent sigue la misma idea: "La mujer tomó la dirección, y el hombre, plenamente consciente de este hecho, se sometió a ella y comió del fruto. Ambos actuaron invirtiendo la posición que Dios les había asignado. La subordinación de la mujer al hombre no es un invento de Pablo. Tiene sus raíces en la naturaleza misma de los sexos, y es Dios quien lo estableció así" (*Las epístolas pastorales* Québec 1981 p. 97).

Las verdaderas razones de la caída parecen situarse entonces en esta lógica. La inversión del orden jerárquico comenzó al escuchar a la serpiente: formaba parte de los animales sobre los que el hombre y la mujer tenían que "dominar" (Gn. 1:28). Luego, cuando pudo identificar la voz de la sospecha antidivina detrás de la insinuación de la serpiente, dos caminos se presentaban ante ella: o bien exclamaba, como lo haría mucho más tarde Jesús: "Vete, Satanás" Mt. 4:10. Aplicando la táctica que preconizará Santiago: "*Someteos* a Dios, *resistid* al diablo, y huirá lejos de vosotros" Stg. 4:7; o bien lo remitía a su marido: después de todo, la orden de Dios había sido dirigida a él, él era quien estaba habilitado para responder, al ser el cabeza de familia. "Eva toma la defensa de Dios, pero no en testigo fiel, sino en juez autónomo. Por este hecho, ya ha caído" (M.G. Kline *Nouv. Comment. Bibl.*, p. 88).

Sin embargo, Adán era igualmente culpable. Génesis 3:6 nos dice que estaba a su lado (o: con ella). ¿Asistió a la entrevista sin reaccionar, mientras había sido dado a la mujer para ser su protector? Es difícil imaginárselo. Pero, de todos modos, al seguir sin protestar el ejemplo y la sugerencia de su mujer, abdicó de su papel de responsable, aceptó "ser dirigido en lugar de dirigir" (D. Kidner) y conscientemente transgredió la orden que Dios le había dado a él (Gn. 2:16-17), antes de crear a la mujer (Gn. 2:18-24).

¿Qué movió al hombre a desobedecer a Dios?

Don Fleming contesta: "El hombre ha sido creado a imagen de Dios; como Dios es infinito, el hombre encontró en sí mismo una tendencia a ser ilimitado. Sin embargo, hubiera tenido que recordar que no era Dios, sino sólo una criatura hecha a su imagen. De la misma manera que la imagen de la luna sobre el agua no puede existir sin la luna, no podía existir independientemente de Dios. Por esta razón de dependencia, o limitación, en las relaciones entre el hombre y Dios, Dios limitó la libertad del hombre. Le exigió que no comiera del fruto del árbol del conocimiento del bien y del mal.

"Satanás impulsó al hombre para que sobrepasara el límite que le había asignado Dios, le incitó a tomar decisiones por sí mismo, a dirigir él mismo su vida y a ser el único juez de lo que está bien y lo que está mal. La raíz del pecado fue el orgullo – el deseo del hombre de ser su propio dios; por esta faceta, Satanás inspiró en el hombre la tentación de rebelarse contra su Creador (Gn. 3:1-7)...

"El hombre rechazó la vida eterna, por lo tanto Dios no se la va a conceder. Quiso ser independiente de Dios; por consiguiente Dios le alejó de su presencia. Quiso determinar por sí mismo lo que era bueno y malo según su criterio, por tanto Dios le expulsó para que viva en un mundo donde aprenderá lo que es bueno y lo que es malo a través de las penas y las miserias producidas por sus propias faltas (Gn. 3:22-24)" (*Bridge Bible Handbooks* nº1 p. 9-10).

"El camino de la rebeldía antepone el placer inmediato a las posibles consecuencias, y nuestra propia apreciación de lo que es bueno a nuestros ojos en oposición a lo que Dios nos dice en cuanto a nosotros mismos y al mundo que creó. *Pecado* es la palabra empleada para hablar de esta separación de Dios que comienza por el abandono de la confianza en la bondad y el amor de Dios" (D. Atkinson *The message of Genesis* p. 86-87).

En el transcurso del desarrollo de un niño, lo que éste experimenta en sus relaciones con sus padres en los primeros años de su vida es absolutamente crucial para la futura orientación de su vida: ¿puede confiar en ellos? ¿Sus cuidados serán suficientes para que el niño desarrolle esta capacidad para tener confianza? "La desconfianza de entrada es la raíz de los desarreglos que ocurren en todas las futuras etapas del desarrollo emocional e interpersonal. Es sin lugar a dudas lo que tenemos aquí: el tentador comienza por sembrar la duda en cuanto a la fiabilidad (*¿De verdad, Dios os dijo...?*) para luego hacer intervenir la duda en cuanto a la veracidad de su palabra (*No moriréis*). La difamación del carácter de Dios es la primera causa de todos los desordenes que van a acontecer más adelante. A partir de ella, la tentación ha abierto el camino a la acción por desobediencia. Adán y Eva experimentaron el poder del mal en sus vidas. Sus ojos se abrieron. Se han hecho una idea de la naturaleza del bien y del mal; su conocimiento del bien 'fue comprado con el conocimiento del mal', como dijo Milton. Ahora, conocerán a Dios de un modo diferente. Supieron que estaban desnudos" (Ibíd. p. 85).

"Cuando decide ser como Dios, el hombre, 'conociendo el bien- y- mal', fracasa estrepitosa y patéticamente en todo sus intentos para crear cualquier cosa. No puede extraerse del mundo de Dios, y sólo puede innovar abusando de los bienes que Dios le había dado. Por lo que el hombre es siempre tentado en relación con uno de los frutos del huerto de Dios, fruto realmente hermoso, agradable y útil: el mal no está en algo bueno que Dios ha creado, sino en el rechazo del orden que Dios ha establecido para el gozo en este mundo. La tentación nos presenta y juega con varias facetas de los bienes, apunta a los atractivos de las hermosas criaturas, y el pecado pervierte y corrompe el impulso que suscitan legítimamente en nosotros. De esta forma, empleando las palabras de Juan, la 'codicia de la carne' pervierte y corrompe el impulso que nos lleva hacia lo que es bueno y para nuestro bienestar; la 'codicia de los ojos', el impulso hacia lo que es hermoso y verdadero, la 'jactancia de los medios de existencia' pervierte el legítimo esfuerzo para llegar a ser alguien y ser valorado. En esta perspectiva, en la tentación de Jesús, el diablo le ofreció cosas que le pertenecían por derecho como Hijo de Dios; pero le invitaba a invertir el orden que el Padre había definido. Visto así, en Génesis 3, el fruto del árbol plantado por Dios era en realidad bello y bueno – la ocasión para pecar ha sido una criatura inocente – pero la humanidad pervirtió el orden del Creador" (H. Blocher *ICHTHUS* N° 835. 1979 p. 11).

Podemos suponer que había cantidad de frutos de otros árboles que eran "buenos para comer" (Dios no les habrá dado frutos que no fueran apetitosos, y "agradables a los ojos" (toda la creación lleva esta marca de belleza). Pero lo que, probablemente, más tuvo que atraer a la mujer fue la tercera característica: "codiciable para alcanzar la sabiduría" (NdT. 'precioso para abrir la inteligencia' BS). "Aunque el texto no nos indica cómo el hecho de comer del fruto de este árbol otorgaba sabiduría, sugiere claramente que dicha virtud del árbol era la que suscitaba el mayor atractivo. Ceder (a la sugerencia de la Serpiente) podría dar a la mujer algo que, a su juicio, no poseía, eso es: la sabiduría. El texto dice literalmente: 'cuando la mujer vio que el árbol... era deseable para llegar a ser sabio'. En este punto reside la esencia de la codicia. Es la actitud que dice: 'Necesito algo que no poseo para llegar a ser feliz'" (V.P. Hamilton *Genesis* I p. 190). La tentación de Adán y Eva tiene en germen todos los elementos de las tentaciones a las que estamos expuestos.

La tentación de Caín: los celos (Gn. 4)

En el *Paraíso perdido*, el poeta inglés Milton representa a Adán después de la caída en frente de las puertas cerradas del paraíso. No es consciente todavía del alcance de su pecado. Entonces el ángel lo lleva de la mano y lo guía hasta la cima de una elevada cumbre. Desde allí, le hace abrir los ojos para que vea todas las consecuencias de su desobediencia: el odio que animaría a los pueblos y les harían alzarse el uno contra el otro, el triunfo de la enfermedad y de la miseria. Luego, Adán ve a sus pies una tumba en la que reconoce a su hijo Abel. Al lado de la tumba contempla a aquel que le mató que no es otro que su hijo Caín. A continuación, Adán se desmorona.

¿Cómo llegó a ser Caín un asesino?

Dios le había avisado: "Entonces Jehová dijo a Caín: ¿Por qué te has ensañado, y por qué ha decaído tu semblante? Si bien hicieres, ¿no serás enaltecido? y si no hicieres bien, el pecado está (NdT. agazapado BS) a la puerta; con todo esto, a ti será su deseo, y tú te enseñorearás de él".

En lugar de resistir a la tentación y de buscar en Dios la fuerza para no sucumbir, prestó sus oídos a la voz de las sirenas que le incitaban a matar a su hermano.

Cada caída tiene tras de sí una larga historia. Nunca cae un relámpago cuando el cielo es azul. Una tormenta se va preparando con una serie de condiciones meteorológicas perfectamente previsibles. Toda caída moral espectacular va precedida por una serie más o menos larga de tentaciones a las que se ha cedido al hacer un pacto con el pecado. Quizás se situaba en el terreno de los pensamientos donde nadie habría podido tener ninguna sospecha, pero donde el interesado era muy consciente de que no tendría que haber cedido a las sugerencias del Adversario.

Caín albergó y cultivó en él los celos y el odio hacia su hermano. Cada vez que lo veía, alimentaba estos sentimientos. Si los hubiera rechazado en cuanto empezaron a manifestarse y hubiese orado a Dios: "¡Guárdame de ceder a la tentación!", el Señor le habría dado fuerzas para ello.

Cuando Dios vio que Caín tenía celos de su hermano, le habló (Gn. 4:6), luego le dejó para ver como actuaría: ¿permanecería con sus celos o seguiría lo que Dios le acababa de decir?

Podemos encontrarnos en la misma situación cuando un amigo consigue una promoción que esperábamos para nosotros, o cuando un vecino sale con el nuevo coche que codiciábamos, o cuando nuestro hermano o hermana concentra sobre sí toda la atención de los padres. Así eran los sentimientos de los hermanos de José cuando veían el favoritismo de Jacob centrado en su hermano menor; estos sentimientos les inspiraban pensamientos de asesinato (Gn. 37:20) que habrían consumado si no fuera por la intervención de Rubén (Gn. 37:21-22).

La mujer de Lot: el corazón dividido (Gn. 19)

Lot no estaba en el lugar adecuado en Sodoma (ver nota siguiente). Hubiera debido quedarse como Abraham en la parte alta del país. Poco a poco se amoldó a las normas de sus conciudadanos y se encariñó con esta ciudad corrompida. Es gracias a su decidida insistencia que el ángel logró convencerle de abandonar esta ciudad destinada a la destrucción. Su mujer le siguió a regañadientes. Su corazón se había quedado en esta ciudad donde había dejado todas sus riquezas. Su conciencia se había obsesionado progresivamente por los falsos valores de su entorno, de modo que en vez de obedecer a la orden del ángel, se dio la vuelta y lanzó una mirada llena de pesar hacia la tumba de sus bienes.[9]

Para la mujer de Lot, ceder a la tentación de desobedecer a Dios es la consecuencia de una larga serie de pensamientos en los que amó al mundo, pactó con la gente del mundo y adoptó sus valores en lugar de permanecer unida a Dios con un corazón no dividido. Dos mil años más tarde, Jesús sacó una severa advertencia de esta historia: "Acordaos de la mujer de Lot" (Lc. 17:32).

---

9 *Einem Blick nach dem Grabe seiner Habe werfet noch der Mensch zurück* (Schiller: *Das Lied von der Glocke*) (El hombre echa aún una mirada hacia la tumba de sus bienes).

La degeneración de Lot (Gn. 17-19)

Lot, este "justo" (2 P. 2:7), tuvo también un final patético: vivía solo con sus dos hijas en una cueva, se acostó con ellas borracho, y engendró de ellas a los antepasados de dos pueblos que llegarían a ser entre los peores enemigos de Israel.
Ronald Youngblood observa 7 etapas que han marcado su caída.

1. En Gn. 13:10-11, "Y alzó Lot sus ojos, y vio toda la llanura del Jordán, que toda ella era de riego, como el huerto de Jehová, como la tierra de Zoar, antes que destruyese Jehová a Sodoma y a Gomorra. Entonces, Lot *escogió para sí* toda la llanura del Jordán", dejando las colinas áridas a su tío.

2. "Lot *habitó en las ciudades de la llanura,* y fue poniendo sus tiendas *hasta Sodoma*" Gn. 13:12. ¿No tenía conocimiento de la maldad de los habitantes de estas ciudades, y en particular de Sodoma? Hubiera sido sorprendente que no hubiese sabido lo que ocurría en estas ciudades ("Mas los hombres de Sodoma eran malos y pecadores contra Jehová en gran manera" v.13), pero la atracción de todo lo que podía ganar allí fue más fuerte que sus reticencias. Por lo que acalló su conciencia y "se estableció en medio de estas ciudades (BS)", acercándose cada vez más a Sodoma.

3. Cuando los cuatro reyes babilonios tomaron la ciudad de Sodoma, "tomaron también a Lot, sobrino de Abraham, con sus bienes, porque moraba en Sodoma" Gn. 14:12 BS. Había abandonado pues sus tiendas y había venido a establecerse en esta ciudad perversa, a pesar de todo lo que veía alrededor de él, como lo escribió Pedro.

4. "Llegaron, pues, los dos ángeles a Lot que *estaba sentado a la puerta de Sodoma*" Gn.19:1. No estaba allí sentado

para tomar el aire. Aprendemos por Rut 4:1, 2, 11 que la puerta de la ciudad era el lugar donde los "ancianos", es decir los responsables de la ciudad, se reunían para sus deliberaciones. Entonces, Lot había "subido en categoría" y formaba parte de los notables. Antes de esto, Abraham había salvado la ciudad y todos sus habitantes de la esclavitud. Quizás esto le había dado a su sobrino Lot alguna marca de consideración que le había permitido pertenecer ahora al grupo de responsables de la ciudad. La puerta de la ciudad era el centro de las actividades públicas. Allí se encontraba el mercado (2 R. 7:1; Neh 13:19) y el tribunal local (Dt. 21:19; 22:15; 25:7; Jos. 20:4). David acudía allí a menudo para saludar a la gente (p.ej. 2 S 19:8). ¿Esperaba Lot poder ejercer alguna influencia benéfica sobre sus conciudadanos? En todo caso, el desenlace del relato muestra que su "compromiso político" no tuvo el menor resultado positivo: no sólo no consiguió frenar el declive moral de la ciudad, sino que además sólo granjeó una falta de respeto y de consideración de parte de sus compatriotas: "¡Quita allá! le gritaron. Luego añadieron: "¡Ved a este individuo, ha venido aquí como extranjero y ahora, se las da de juez! Pues, te haremos más mal que a ellos. Luego, empujaron violentamente a Lot a un lado y se acercaron a la puerta para reventarla" (BS).

5. Ante las exigencias inmorales de sus conciudadanos, y para salvaguardar su honor de anfitrión, les hace una propuesta increíble: "He aquí ahora yo tengo dos hijas que no han conocido varón; os las sacaré fuera, y haced de ellas como bien os pareciere" Gn. 19:8. Está entonces dispuesto a sacrificar a sus propias hijas para satisfacer sus deseos lúbricos. "Cuando la soberanía de Dios es negada y sus leyes son ignoradas, la

anarquía reina y los hombres pecadores son los que dominan" (R. Youngblood).

6. "Entonces salió Lot y habló a sus yernos, los que habían de tomar sus hijas, y les dijo: Levantaos, salid de este lugar; porque Jehová va a destruir esta ciudad. Más pareció a sus yernos como que se burlaba" Gn. 19:14. En su propia familia, el testimonio de Lot no tuvo gran impacto, a juzgar por la falta de credibilidad y la fuerza de persuasión de sus palabras.

7. "A continuación, Lot se fue a habitar con sus dos hijas a la montaña. Se instaló con ellas en una cueva" Gn. 19:30 BS. ¡Triste final de su vida! Pero la historia que acontece en esta cueva es todavía más triste: sus dos hijas le hacen beber hasta quedar borracho (no tuvo que ser muy difícil) para tener relaciones incestuosas con él. Davis llama este párrafo: "La vergüenza de Lot". "Lot consiguió salvar a sus dos hijas de Sodoma, pero no consiguió quitar de su mente la mentalidad de Sodoma" (*Paradise to Prison* p. 206). Esto dio lugar al nacimiento de dos chicos que llegarían a ser los fundadores de dos naciones que figuran entre los enemigos más encarnizados de los israelitas.

Siete etapas marcando una degeneración moral más y más acentuada – y eso ¡a pesar de los "tormentos de su corazón íntegro"! (Según R. Youngblood *The book of Genesis* p. 154, 155, 176 a 179).

"La historia de Lot y de su familia debería recordarnos que todas nuestras decisiones son importantes – incluso las que se refieren al lugar donde queremos vivir. Nuestro entorno moral influye nuestra vida de modo significativo. Es por esta razón, entre otras, que el Nuevo Testamento exhorta constantemente a los creyentes para que cultiven la comunión con otros creyentes" (J.J. David *Paradise to Prison* p. 207).

Miriam: el pecado de la lengua (Nm. 12)

Miriam la profetisa criticó a su hermano Moisés porque en el fondo de su corazón le tenía envidia. Arrastró a su hermano Aarón en su protesta.[10]

Lo que decía era cierto: Dios no hablaba solamente por medio de Moisés; le comunicaba también mensajes a ella, como profetisa, y a Aarón, que poseía el Urim y el Tumim con los cuales el Señor revelaba su voluntad. Sin embargo, el espíritu que la inspiraba era malo y Miriam derramó muy probablemente sus incisivas críticas en su entorno inmediato.

Moisés aguantó en silencio esta prueba adicional (cf. Nm. 11:1-15). Su humildad es subrayada en el v.3. Dios toma directamente el asunto en sus manos para defender a su siervo (cf. Heb. 3:2). Anuncia además un triple juicio contra el pecado de la lengua de Miriam (Nm. 12:9-10):

- su ira se encendió contra ella y Aarón,
- se apartó del Tabernáculo y
- hirió a Miriam con una lepra blanca como la nieve.

Este juicio nos enseña hasta qué punto son graves a los ojos de Dios los pecados de la lengua: alejan de su presencia y de su paz, perturban la comunión en la familia y en la comunidad y detienen la progresión de todo el pueblo de Dios (Nm. 12:15).

Santiago subraya la importancia del dominio sobre la lengua: "El que nunca comete faltas en sus palabras es un hombre que ha llegado a la edad adulta, capaz de dominar también todo su cuerpo... ¿No basta un fueguecito para incendiar todo un bosque? Asimismo, la lengua es un fuego; es todo un mundo de maldad. Allí está, entre los demás órganos de nuestro

---

10 En hebreo el sujeto del verbo criticar (v. 1) es femenino. Parece ser entonces que la iniciadora de la crítica ha sido Miriam, quien implicó a su hermano Aarón en su reproche. Por lo que fue a ella a quien el Señor hirió con un castigo.

cuerpo, y contamina todo nuestro ser. Encendida en el fuego del infierno, inflama toda nuestra existencia... la lengua, ningún hombre la puede domar. Es una plaga imposible de dominar; está llena de veneno mortal" Stg. 3:2-8 BS.

David vio los daños causados por la lengua de Doeg el edomita: "Agravios maquina tu lengua; como navaja afilada hace engaño. Amaste el mal más que el bien, la mentira más que la verdad. Has amado toda suerte de palabras perniciosas, engañosa lengua" ('Amas las palabras que destruyen, tu lengua no es más que perfidia' BS) Sal. 52:2-4. Quizás es lo que le inspiró la resolución que nos presenta en varios salmos: "Examina mi corazón, pruébame de noche, no hallarás nada que reprochar. He decidido no pecar con mis palabras" Sal. 17:3 BS.

"Me había dicho a mí mismo: 'Voy a velar sobre mí para no pecar en palabras. Seré como un amordazado mientras los malvados están delante de mí'" Sal. 39:1 BS. Todos los que están tentados a hablar más de la cuenta pueden dejarse inspirar por esta resolución, porque "cuanto más se multiplican las palabras, tanto más se aumenta la frustración. Y ¿qué ganamos en ello?" Ec. 6:11 BS.

Cuando tenemos la tentación de criticar a un hermano o a una hermana, ¡pensemos en Miriam!

Sansón: víctima de su sensualidad (Jue. 13-16)

Sansón que había sido consagrado a Dios desde su nacimiento por sus padres, recibió dones excepcionales: una fuerza hercúlea, una inteligencia aguda. Habría podido emplearlos al servicio de Dios para llegar a ser su profeta y el libertador de su pueblo. Los malgastó en sus relaciones con los filisteos y sus mujeres.

Para él, los sentimientos mandaban sobre la voluntad; al fijarse en una mujer de los filisteos, pide permiso a sus padres para casarse con ella. Como contestación a todas sus objeciones, responde: "¡Es la que quiero!".

Se implicó cada vez más con los filisteos. En el primer caso, su matrimonio no llegó a consumirse. En Jue. 16, entró en la casa de una prostituta y la dejó en medio de la noche. En casa de Dalila, sólo progresivamente le reveló su secreto: primero, le dijo que era preciso atarle "con siete mimbres verdes que aún no estén enjutos", luego: que era preciso tejer "siete guedejas de su cabeza con la tela de un tejar". En el juego *adivina dónde lo he escondido*, diríamos "muy caliente". Finalmente, le revela que su cabello y su barba nunca habían sido cortados.

Dalila le echaba en cara: "No confías en mí". Habría podido responderle: "¡Y tenía razón! Dado que cada vez estabas escondiendo a filisteos para dominarme". Pero estaba ciego por su pasión y, ante la insistencia de su mujer, "acabó por revelarle su secreto" Jue. 16:16-17.

¿Había olvidado la orden dada a su madre: "Nunca deberá cortarse el pelo"? Jue. 13:5 BS ¿Y que su consagración a Dios estaba ligada a este símbolo? De modo que la presencia de Dios con él, fuente de su fuerza, se había apartado de él; "pero él no sabía que Jehová ya se había apartado de él" Jue. 16:20: "posiblemente éste es el versículo más triste del A.T."[11] En este contexto, abandonado por Dios sin ser él consciente de ello, "la vergüenza y la derrota son inevitables" (íd.).

Su final también fue triste: aplastado bajo los escombros del edificio que había derribado – por no haber podido resistir a la tentación (de su pasión y ante la insistencia de su mujer).

Y, sin embargo, se le nombra entre los héroes de la fe (Heb. 11:32).[12]

---

11 A.E. Cundall *Judges* London, Tyndale Press p. 179.

12 Las opiniones en lo que se refiere a este Juez son muy variadas: si bien Mark Green ve en él una encarnación del pecado nacional y una debilidad fundamental (para con las mujeres), Daniel Arnold no ve en él "ninguna inmoralidad sexual". "Dado que el compromiso de Sansón con una filistea es tan extraño (cap. 14), el autor multiplica los indicios para guiar al lector hacia una evaluación positiva del juez" (13:25; 14:3, 6, 19) (Íd. p. 262-263). En Gaza, Sansón "entra en la casa de una prostituta" (Jue. 16:1) pero "no se apunta ninguna inmoralidad en el juez que ha recibido la unción divina... La visita a la prostituta debe hacer recordar la visita de los espías en Jericó" (p. 288). Con

Elí: demasiado débil ante sus hijos (1 S. 3:21)

El sumo sacerdote Elí cumplía su ministerio de forma irreprochable. El único problema era la educación de sus hijos. Cuando se hicieron grandes, "Los hijos de Elí eran hombres impíos, y no tenían conocimiento de Jehová. Y era costumbre de los sacerdotes con el pueblo, que cuando alguno ofrecía sacrificio, venía el criado del sacerdote mientras se cocía la carne, trayendo en su mano un garfio de tres dientes, y lo metía en la marmita; y todo lo que sacaba el garfio, el sacerdote lo tomaba para sí. De esta manera hacían con todo israelita que venía a Silo" 1 S. 2:12-14. "A menudo tomaban a la fuerza la carne cruda. Así es como profanaban las ofrendas hechas al Señor" 1 S. 2:17 BS.

Elí estaba muy entrado en años. Oía hablar del mal comportamiento de sus hijos hacia los israelitas, e incluso que se acostaban "con las mujeres que velaban a la puerta del Tabernáculo de reunión" 1 S. 2:22. Les reprendía muy débilmente: "Yo oigo de todo este pueblo vuestros malos procederes... no es buena fama" (v.23-24). No cambió para nada la situación porque "ellos no tomaron para nada en cuenta la advertencia de su padre" (v.25 BS). Elí estaba ya muy viejo y sus hijos se comportaban cada vez peor a los ojos del Señor.

Cuando oyó que sus hijos habían muerto en batalla contra los filisteos y que el arca del Señor había sido tomado, "Elí cayó hacia atrás de la silla al lado de la puerta, y se desnucó y murió; porque era hombre viejo y pesado" 1 S. 4:18. Quizás la mención de su elevado peso tiene un valor moral: parece no haber dado a sus hijos el ejemplo de un hombre frugal.

¡Cuarenta años de ministerio que acaban tan mal! Hablando de los dirigentes espirituales, la epístola a los he-

---

Dalila, las cosas cambian, Sansón, que hasta aquí había tenido una conducta ejemplar, cae en el pecado", si bien "el texto no menciona relaciones sexuales" (p.290); "a pesar de las consecuencias dramáticas, el pecado es leve (lo único que hizo Sansón fue desvelar el origen de su fuerza)" (p. 242).

breos menciona: "Considerad cual haya sido el resultado de su conducta" Heb. 13:7.

El linaje de Elí fue descartado del sacerdocio porque no resistió la tentación de colocar las buenas relaciones con sus hijos por encima de su deber paternal de reprensión y de búsqueda de lo que agrada a Dios. Le fue enviado un profeta para cuestionar su proceder: "has honrado a tus hijos más que a mí... mas ahora ha dicho Jehová: ...yo honraré a los que me honran, y los que me desprecian serán tenidos en poco" 1 S. 2:29-30.

La educación de los hijos es un criterio que da el apóstol Pablo para seleccionar a los dirigentes de la Iglesia: "que gobierne bien su casa, *que tenga a sus hijos en sujeción* con toda honestidad" 1 Ti. 3:4; "y tenga hijos creyentes que no estén acusados de disolución ni de rebeldía" Tit. 1:6. Pablo da razones por esto último: "Pues, el que no sabe gobernar su propia casa, ¿cómo cuidará de la iglesia de Dios?" 1 Ti. 3:5. En una época en la que el hijo es rey y donde las normas éticas de la juventud se rebajan siempre más, la tentación es grande, para padres cristianos de no significarse con una educación conforme a los valores bíblicos.

"En el cementerio de los náufragos"

CAPÍTULO 3

En el tiempo de los Reyes

Saúl: pecados del carácter (1 S. 15)

¡Saúl tuvo un final aún más lamentable! Sin embargo, ¡había empezado tan bien! Era un hombre que tenía buena planta y era muy humilde: cuando fue designado por suerte para ser el rey, fue necesario irle a buscar entre el bagaje donde se había escondido. Después de su nominación, volvió a casa para arar su campo como si nada hubiera acontecido.

Pero, poco a poco, abrió la puerta de su corazón a unos malos espíritus que le atormentaron. Cuando David tenía más éxitos militares que él, los celos le carcomieron e intentó matarlo repetidas veces. Su orgullo no le permitía no ser el más importante. Se obsesionó por una idea fija: hacer desaparecer a este rival. Nada podía disuadirle de ello: ni la intercesión de su hijo Jonathan (1 S. 1:7), ni la intervención de Dios (23:27-

28), ni las pruebas de los sentimientos leales de David hacia él (1 S. 24, 26). Su carácter celoso y desconfiado lo arrastraba hacia su pérdida.

"Numerosos siervos de Dios pierden su influencia así como la bendición de Dios sobre su ministerio porque no han triunfado sobre su mal carácter" (Schäfer p.19). ¿Cómo es posible que sigan susceptibles, rencorosos, coléricos, avaros, ariscos, vanidosos, ávidos de poder, "pagados de sí mismos y olvidando a los demás", cuando tienen todo lo que les permitiría cambiar?

¿Qué acontecimientos han precipitado su caída? El primero nos lo cuenta 1 S. 13: los israelitas se sienten presionados por los filisteos, pero saben que no pueden lanzarse a la batalla sin haber previamente ofrecido los sacrificios requeridos. Ahora bien, el sacrificador Samuel no ha llegado. Saúl espera siete días; como los soldados empiezan a desertar, decide ofrecer él mismo los sacrificios. "Cuando él acababa de ofrecer el holocausto, he aquí Samuel que venía". El profeta respondió a las explicaciones de Saúl: "Locamente has hecho; no guardaste (obedeciste BS) el mandamiento de Jehová tu Dios que él te había ordenado; pues ahora Jehová hubiera confirmado tu reino sobre Israel para siempre. Más ahora tu reino no será duradero" (1 S. 13:13-14).

En otra ocasión, más adelante, Saúl reincide. Dios le dio una orden precisa (1 S. 15:3) – que transgrede una vez más (v.9). Dios advierte a Samuel: "Me pesa haber puesto por rey a Saúl, porque se ha vuelto de en pos de mí, y no ha cumplido mi palabra" (v.11). Samuel recuerda sus primeros pinitos: "Aunque eras pequeño en tus propios ojos, ¿no has sido hecho jefe de las tribus de Israel... Por qué, pues, no has oído (obedecido BS) la voz de Jehová, sino que vuelto al botín has hecho lo malo ante los ojos de Jehová?" (v.17,19). "Era para ofrecerlo en sacrificio al Señor", responde Saúl. Pero Samuel le recuerda una de las leyes fundamentales del reino de Dios: "¿Se complace Jehová tanto en los holocaustos y víctimas, como en que se obedezca a las palabras de Jehová? ¡No! La obediencia es mejor que los sacrificios, la sumisión vale más que la grosura de los carneros. Porque la insumisión es tan culpable como el pecado de adivinación y la desobediencia tan grave como el pecado de idolatría. Puesto que rechazaste las órdenes del Señor, él también te rechaza y te quita la realeza" (v.22-23 BS).

Finalmente, después de un tiempo de gracia, es rechazado definitivamente Saúl en razón de su insumisión a Dios.

La evolución de Saúl ha sido regresiva: después de un principio prometedor, acabó por consultar una adivina y por último se suicidó; su carácter celoso y suspicaz le arrastró hacia su pérdida.

La tentación de David fascinado por Betsabé (2 S. 11)

La historia de David y Betsabé es un asunto escabroso. Pero *está* en la Biblia, y como lo dice el apóstol Pablo: "Todos estos acontecimientos les sucedieron para servirnos de ejemplo. Fueron consignados por escrito para que saquemos enseñanza de ellos, nosotros que hemos llegado a los tiempos del fin" 1 C. 10:11 BS. "Ahora bien, todo lo que ha sido consignado antaño en la Biblia lo ha sido para instruirnos, a fin de que la paciencia y el ánimo que traen las Escrituras produzcan en nosotros esperanza" Ro. 15:4 BS.

Cuando consideramos el mundo en el que vivimos, nos damos cuenta que la instrucción y las advertencias que nos da la Palabra no son inútiles.

Esta historia comienza en primavera, no en la temporada de los amores, sino "en el tiempo que salen los reyes a la guerra". Todo el ejército de Israel ha salido en campaña contra los amonitas. ¿Todo? No: el general en jefe, David, que había llevado campañas victoriosas contra los filisteos, los sirios de Damasco y su general Sobac, "David se quedó en Jerusalén".

¿Por qué? No nos lo revela el texto. Nos dice solamente que echaba una siesta durante toda la tarde y se levantó cuando se avecinaba el crepúsculo. Parecía pues, más bien inactivo. Conocéis el refrán: "La ociosidad es la madre de todos los vicios". Esta historia lo ilustra muy bien.

Entonces, "al caer la tarde, se levantó David de su lecho y se paseaba sobre el terrado de la casa real". Hasta aquí nada malo. El aire era probablemente más fresquito en el terrado que ofrecía una suave brisa.

Desde arriba, podía ver el interior de las propiedades cercadas de las casas vecinas. En los patios, no faltaban el pozo e incluso a menudo una pequeña piscina donde la gente apreciaba poder refrescarse (en un país caliente, las temperaturas son ya bastante elevadas en primavera).

En una de estas cercas, David "vio a una mujer que se estaba bañando". Se trataba de un baño de purificación ritual después del periodo de su regla (v.4). David la vio – como podría haber visto a un niño jugando en el patio. Se dice que la primera mirada está exenta de culpa. No puedo impedir que mis ojos vean gran cantidad de cosas alrededor de mí, muchas fotos de mujeres en la publicidad o en las revistas. Todo depende de lo que hago con lo que veo.

Todos y cada uno podemos ser tentados. Si David, "el hombre conforme al corazón de Dios" cayó en el pecado, esto nos puede pasar a cualquiera. Es la primera lección de esta historia. Pablo advierte: "El que piensa estar firme, mire que no caiga" 1 Co. 10:12.

Una segunda lección: no se cae en el pecado como en un agujero que no habíamos detectado. Esta historia nos presenta las condiciones y las etapas de una caída. ¿Cuáles son las condiciones que prepararon la caída de David?

Sabemos que desde siempre tenía una debilidad por las mujeres. Se había casado con Mikal, la hija de Saúl – que este último le quitó para entregarla a otro. Entonces David se casó con Ahinoam de Jezreel. Luego, hubo el episodio de Nabal en el que intervino su mujer Abigail. David fue fascinado por esta mujer, por lo que después de la muerte de Nabal, le pidió que se convirtiera en su segunda mujer (lo que muestra que no quiso seguir el modelo original de la unión de un hombre con *una* sola mujer). Más adelante heredó las mujeres y las concubinas de Saúl; en Jerusalén, se casó con otras cuatro mujeres, de la misma manera que los reyes vecinos, que todos tenían su harem – sin tomar en cuenta las instrucciones de Dt. 17:17: "Que el rey no tome para sí muchas mujeres, para que su corazón no se desvíe".

La sabiduría popular de la antigüedad había reconocido que cada uno es vulnerable en un punto en particular. Los griegos contaban la leyenda de Aquiles quien había sido empapado en la sangre de un dragón para llegar a ser invulnerable ante las flechas. Pero, el talón por el que su madre le sostenía no fue recubierto por el líquido protector. Los germanos tenían una leyenda similar que contaba lo mismo para Siegfried, en su caso una hoja de tila había caído cuando se empapaba de la sangre del dragón vencido. Y es en este preciso lugar donde le alcanzó la flecha homicida.

Cada uno de nosotros tenemos un talón de Aquiles, un punto débil. Para alguien, se trata de la bebida, para otro, es el dinero, o los honores, o las mujeres. Es primordial conocerse y vigilar en cuanto a nuestro talón de Aquiles para poder seguir otra directriz de la sabiduría de la antigüedad: *Principii obsta*: oponte desde el comienzo. Para David, era la primera mirada dirigida a esta mujer. Pero, no se trata aún de una caída. Serán necesarias varias etapas más, y en cada una podía aún negarse a ceder a la tentación.

Primera etapa: una mirada cargada de deseo. La mirada de David se detuvo sobre esta mujer. El texto nos dice: "una mujer... la cual era muy hermosa". Eso no lo podemos averiguar necesariamente con una primera mirada. David tuvo que examinarla en detalle, pues la tenía en bandeja, se ofrecía a su mirada en toda su belleza. ¿Era culpa suya? ¿Debería haber pensado esta mujer que era posible que alguien la pudiera ver desde el terrado del palacio vecino? Pero, después de todo, estaba en su propiedad. "Cada uno es rey en su casa", y ¡los que no quieren verla sólo necesitan mirar a otra parte! Los legalistas en todas las épocas siempre han cargado la responsabilidad sobre la mujer que provoca al hombre para pecar.

Un día, Mahoma entró en la casa de su hijo cuando su nuera se estaba peinando. Exclamó: "¡De que manera sabes enloquecer el corazón de los hombres!". La mujer lo oyó y se lo contó a su marido – que se apresuró de divorciarse para que su padre pueda casarse con su mujer. Para que parecida desventura no se vuelva a reproducir, Mahoma impuso a todas las mujeres la obligación de cubrirse la cabeza con el chador. En este punto (como en muchos otros) Jesús decía lo contrario de lo que enseñaban los rabinos: "*Cualquiera* que mira a una mujer para codiciarla (El que echa sobre una mujer una mirada cargada de deseo), ya adulteró con ella en su corazón". Por lo tanto, es al hombre a quien le toca tener dominio propio en cuanto a cómo mira.

Como no vivimos en un país musulmán estricto donde todas las mujeres tienen velo, no podemos impedirnos ver decenas, y hasta centenares de mujeres cada día, ni impedir comprobar que algunas son hermosas y unas cuantas incluso "muy hermosas". ¿Qué hacemos con estas miradas? ¿Qué hacemos cuando contemplamos una hermosa flor, la bonita cara de un niño? Damos gracias a Dios por haber creado cosas tan bonitas y niños tan guapos. ¿No podríamos hacer lo mismo viendo el hermoso rostro de una mujer – o de un hombre? ¿Acaso, no se trata de la obra maestra del Creador? No es por nada que los escultores y los pintores de todos los tiempos tomaron al hombre y a la mujer como modelo para sus obras. Pues sí, cuando vemos a una mujer hermosa, a un hombre guapo, podemos dar gloria a Dios. ¿No ha sido creado el hombre "a imagen de Dios"? Cada ser humano nos transmite un reflejo de nuestro Creador. Esta primera etapa no tiene por qué conducirnos al pecado. Al contrario, puede ser la ocasión de acercarnos a Dios.

Segunda etapa: *"Envió David a preguntar por aquella mujer"*. Esta mujer despertó la curiosidad de David y quiso conocer su identidad, poner un nombre sobre esta cara. Otra vez, la cosa puede ser totalmente legítima – al menos para poder orar nominalmente por esta persona. Varios siervos de Dios, después de haber orado durante mucho tiempo al Señor para que les dirija en la elección de su esposa, vieron una mujer un día y supieron en seguida: "Esta es mi futura mujer". Es totalmente lógico que después de este primer encuentro intenten saber quién era y deseen conocerla mejor para ver si su ser racional confirmaría en ellos los datos de su ser afectivo.

Ahora bien, David no buscaba una esposa. Entonces, ¿por qué desear saber quién era esta mujer? Debería haberse hecho esta pregunta, y, al conocer su punto débil, darse cuenta de que esta mujer había despertado su deseo, y de que existía el riesgo de que cediera, y de que todo este asunto podía acabar mal. Entonces: ¡alto! ¿Quién es? ¡No es asunto tuyo! Estas casado, y es la mujer de otro, o lo será pronto.

Job era más sabio: "Hice pacto con mis ojos: nunca deberían echar una mirada cargada de deseo sobre una joven" Job 31:1 BS (y menos aún sobre una mujer casada).

David no tuvo esta sabiduría puesto que "envió a preguntar por aquella mujer", sin pararse a pensar que con semejante petición despertaría la curiosidad de sus siervos y siervas (que se interesarían, como lo suele hacer la servidumbre, por los asuntos de su amo: "¿Por qué tal pregunta? ¿Qué quiere de esta mujer? Habéis oído...").

Tercera etapa: "le dijeron: Aquella es Betsabé hija de Eliam, mujer de Urías heteo". Ahora, tiene su identidad. No, no es una mujer disponible para cualquiera que la quiera tener. La respuesta a su pregunta incluye tres elementos: el nombre de la mujer, su origen y su estado. Eliam era un hijo de Ahitofel, uno de los consejeros del rey (2 S. 15:12). Formaba incluso parte de los "treinta", es decir de la tropa de élite de David. Betsabé no era una desconocida del montón. Lo que le aconteciera tendría repercusiones en las altas esferas del gobierno. Esto debería haber sido suficiente para pararle en seco.

La segunda información tendría que haber puesto un punto final a su interés: era una mujer casada, la esposa de uno de sus oficiales de la unidad militar de elite (2 S. 23:23,39). El rollo del libro de Samuel descubierto a Qumrán hace incluso de Urías el adjunto de Joab, su general en jefe, el que llevaba sus armas. De esta forma, David estaba advertido: toda relación con esta mujer violaba el derecho matrimonial de un marido – y no de cualquiera: de alguien cercano al ámbito gubernamental. Pensar en ir más allá, era aventurarse hacia el adulterio.

Estas informaciones deberían detenerte para no ir más lejos, ¡David! En Alsacia decimos: "¡Quita los dedos!" (podrías quemarte).

Hay también una etapa en la que debemos obligarnos con un: "¡Alto!" cuando, al estar casados, hemos conocido a alguien interesante. Puede que ocurra en el lugar de trabajo, en el tiempo de ocio... o en la iglesia. Es tal vez una persona que tiene los mismos gustos que nosotros, más aún, que tiene atractivo. Nos enteramos de que no es feliz en su matrimonio, de que su marido no la entiende. ¿No nos prescribe el amor cristiano atender a tales personas?

Así empezaron muchas historias que acabaron con un divorcio o un escándalo público causado por cristianos e incluso siervos de Dios.

Un pastor quería enviar un paquete por correo. Al llegar demasiado temprano, y estar cerrado correos, se fue a la terraza del café de enfrente para tomar algo mientras esperaba. Allí conoció a una mujer. Habló con ella y le pareció interesante... Para acabar, dejó a su mujer, sus hijos y su ministerio y se fue con ella. Había olvidado el contenido del *Padre nuestro*: "Guárdanos de ceder a la tentación".

David no se dejó detener por las informaciones que había recibido y prosiguió su descenso hacia la cuarta etapa.

Cuarta etapa: "David envió mensajeros para ir a buscarla" BS. ¿Para qué? ¿Llegar a conocerla? ¿Estar solo con ella? Aún cuando en principio, no tuviera ninguna mala intención, tomaba un camino peligroso: sabía que era "muy hermosa", que él era sensible al atractivo de las mujeres, que tenía el poder para satisfacer sus deseos... El desenlace de semejante encuentro estaba cantado – e incluso tal vez... deseado. Por lo tanto es difícil encontrar circunstancias atenuantes para su falta: recorrió decididamente las diferentes etapas preliminares que deberían haberlo parado y siguió sus impulsos antes que las advertencias de la Palabra de Dios.

Una consideración adicional debería haberlo frenado ante esta cuarta etapa; el testimonio delante de sus siervos y sus siervas. Todas estas personas conocían su trayectoria espiritual, sus salmos compuestos hacía años, cuando le perseguía Saúl. ¿Qué iban a pensar de él si hacía venir una mujer casada con uno de sus oficiales superiores y se encerraba a solas con ella?

Quinta etapa: "y la tomó". Lo que tenía que pasar pasó. Podemos preguntarnos cómo un hombre, de la talla espiritual de David, pudo cometer semejante cosa – como podemos preguntarnos cómo pudieron caer en el mismo pecado, determinados creyentes experimentados o responsables de iglesias. Sin lugar a dudas, pasaron decididamente los semáforos en ámbar que deberían haberlos detenido y franquearon el punto de no retorno donde les tragó irresistiblemente la caída.

Sexta etapa: "Betsabé se quedó embarazada y envió a hacérselo saber a David: 'Estoy esperando un niño'" BS. ¡Vaya desgracia! Durante varias semanas, David podía haber pensado:

"Todo va bien. Nadie se ha enterado. Era una aventura de una noche". Ahora bien, Dios no ha permitido que fuera algo que se quede sin consecuencias.

Con toda probabilidad a David le costó conciliar el sueño aquella noche. Conocía la Ley que de repente vino a su mente: "Si un hombre cometiere adulterio con la mujer de su prójimo, el adúltero y la adúltera indefectiblemente serán muertos" Lv. 20:10. "Si fuere sorprendido alguno acostado con una mujer casada con marido, ambos morirán, el hombre que se acostó con la mujer, y la mujer también" Dt. 22:22.

Ante semejante amenaza, el espíritu humano busca una escapatoria; y en el caso de David fue ingeniosa. Claro que sí: hay una solución (en este tiempo no se pensaba en el aborto). Basta con hacer regresar Urías del frente, que se acueste con su mujer, y todos – él incluido – pensarán que el niño es suyo.

Nada más ideado, se ejecuta el plan. "Entonces David envió a decir a Joab: Envíame a Urías heteo. Y Joab envió a Urías a David. Cuando Urías vino a él, David le preguntó por la salud de Joab, y por la salud del pueblo, y por el estado de la guerra." Pero el relato no nos da sus respuestas – que no tienen mayor importancia, ni para David ni para nosotros, porque este intercambio sólo era un pretexto para que vuelva a su casa y se junte con su mujer. Esta es la orden que le transmite el rey (v.8, la única parte en discurso directo).

David le dice a Urías: "Desciende a tu casa, y lava tus pies". La BS traduce: "y descansa". Podríamos traducir también por: "relájate". La recomendación de lavarse los pies se explica muy bien en un país donde se caminaba con sandalias sobre carreteras polvorientas. Uno de los primeros deberes de hospitalidad hacia los huéspedes era lavarles los pies (1 S. 25:41; cf. Lc. 7:44; 1 Ti. 5:10). ¿Tal vez esta expresión escondía una insinuación? (NdT. El comentarista Robert Gordón propone dos maneras probables de entender *lava tus pies*: "podría referirse a la ablución ritual que liberaba al soldado de su obligación de abstinencia sexual durante una campaña militar... Sin embargo, si tomamos *pies* en su sentido eufemístico de genitales, la expresión alude directamente a las relaciones sexuales" (*1&2 Samuel A Commentary* The Paternoster Press 1986 p. 254).

"Y saliendo Urías de la casa del rey, le fue enviado presente de la mesa real" v.6-8.

Pero, tres veces se nos repite que Urías no entró en su casa. Consciente de su deber, quería permanecer leal hacia sí mismo y hacia su rey, sin colocar su propio placer por encima de sus obligaciones (cf. 1 S. 21:5). Tomando el riesgo de levantar sospechas, David le pregunta por qué no ha vuelto a su casa. La respuesta (v.11) subraya la integridad de Urías y su solidaridad con los hombres que luchan en el frente. Todas y cada una de estas palabras tuvieron que penetrar como flechas acusadoras en el alma de David: era él quien había ordenado esta guerra, y dejaba a otros la responsabilidad de hacerla; sus hombres renunciaban a su comodidad mientras él se lo pasaba en grande. Urías renunciaba a juntarse con su mujer, aún cuando nadie ni nada se lo impedía; Urías, un extranjero, aludía al arca sagrada mientras que él menospreciaba los valores que este arca representaba y la Ley de Dios que contenía. Incluso cuando David le invitó para emborracharle y vencer así sus inhibiciones (v.13), Urías permaneció firme en sus convicciones.

"Incapaz de disimular por más tiempo su adulterio, David acabó por añadirle un asesinato; y para mayor inri, de la manera más disfrazada y pérfida que existe. Porque, para deshacerse de Urías, se valdrá de la dedicación y del coraje de este fiel servidor, abusando indignamente de su autoridad real" (*La Bible annotée* Vol.3 p. 306).

Y Urías fue matado en combate en el asedio de Rabá.

Aparentemente, "bien está lo que bien acaba" – para David, no para Urías: "Y pasado el luto, envió David y la trajo a su casa; y fue ella su mujer y le dio a luz un hijo" (v.27a). Cuando nazca este niño, ¿quién podría sospechar que no es hijo de

Urías, concebido antes de su marcha para la guerra? Adoptándolo, David pasará por ser magnánimo. Joab tal vez podía olerse algo, pero es discreto y sabe cuál es su deber – y que no le conviene remover el cieno. Entonces, todo va bien, pudo haber pensado David: ¡una vez más se libró de una gorda!

¿Así acaba la historia?

David pudo haberlo creído. Durante un año, no se oía hablar más del asunto. Por cierto, no oye lo que se dice en los aposentos de los siervos y de las siervas. El niño concebido en la relación adúltera con Betsabé ha nacido. ¿Enhorabuena?

En el salmo 32, David ha relatado su experiencia durante este período: "Mientras callé, se envejecieron mis huesos en mi gemir todo el día. Porque de día y de noche se agravó sobre mí tu mano; se volvió mi verdor en sequedades de verano". No quería confesar su falta e intentaba anestesiar su conciencia, sin lograrlo.

Y se anuncia ahora la visita de Natán, el profeta. La última vez que le había transmitido un mensaje de parte de Dios, le había llenado de alegría: Dios le aseguraba una dinastía que no tendría fin. ¿Le transmitiría ahora otra bendición adicional?

Dado que el rey era el juez supremo que debía zanjar casos complicados que los jueces locales no habían conseguido solventar, Natán le presenta un caso y espera el veredicto. La historia que cuenta es lo bastante alejada de la de David para que este último no sospeche el paralelismo; se trata de un sórdido caso de abuso de poder por parte de un rico, en detrimento de un pobre (1 S. 12:1-4).

Esta historia suscita una reacción afectiva violenta por parte del rey que pronuncia un veredicto desproporcionado al delito (¿por qué condenar este hombre a muerte, además de haberle exigido la restitución de cuatro veces más de lo robado? No mató a nadie – tan sólo a una corderita). Es la reacción que esperaba Natán y que le permite devolverle el veredicto contra David. "El hombre que hizo esto merece la muerte – ¡Este hombre eres tú!"

Primero, David debe considerar todo lo que ha recibido de parte de Dios: "Yo te ungí... te libré de la mano de Saúl, y te di la casa de tu señor, y las mujeres de tu señor; además te di la casa de Israel y de Judá". Sí, este hombre rico es David: el que ha sido colmado de favores de todo tipo, y si no bastaran, Dios estaba dispuesto a añadir aún más.

Luego David debe reconocer que "tuvo en poco la palabra de Jehová" haciendo lo que prohibía y lo que el Señor considera pecado. Natán pone los puntos sobre las íes: transgredió tres de los diez mandamientos: "No codiciarás la mujer de tu prójimo", "No cometerás adulterio" y "No matarás". Le dice: "Asesinaste a espada a Urías heteo" BS. David habría podido replicar que no le había tocado; por lo que Natán precisa: "lo mataste con la espada de los hijos de Amón".

Después de esto, el profeta anuncia el juicio de Dios que tendrá repercusiones en el futuro de David; de modo que no morirá: primera demostración de la gracia de Dios. David reconoce su falta: "Dijo David a Natán: 'Pequé contra Jehová'. Y Natán dijo a David: 'También Jehová a remitido tu pecado; no morirás'": segunda demostración de la gracia de Dios. El Salmo 32 nos muestra cómo fue la reacción de David ante este anuncio del perdón.

Sin embargo, el perdón no significa la anulación de las consecuencias del pecado. Natán anunció a David calamidades en su familia, sus mujeres serán violadas públicamente, y el bebé, fruto de su adulterio morirá.

Otras consecuencias serán más directas: David no castigó a su hijo mayor Amnón, que había violado a su hermana porque tal vez recordaba que había cometido un pecado similar. El hecho de que David no disciplinara a Amnón contribuyó a una ruptura entre él y Absalón. Este último vengará a su hermana matando a Amnón. Otra vez, David no interviene, recordando tal vez que él había hecho matar a Urías. Pero no perdonará a Absalón y, durante cinco años, rehusará verle (tres años en Gesur y dos años en Jerusalén), lo que alimentó el resentimiento de Absalón y le incitó a fomentar una rebeldía en la que David por poco perdió irremediablemente el reino.

¿Por qué tuvo tanto éxito esta insurrección? Una de las razones es debida al hecho de que Ahitofel, el consejero influyente de David, se sumó a la rebeldía, dado que estaba resentido con David a causa del asunto Betsabé, su nieta (2 S. 11:3; 23:34), no le había perdonado su adulterio ni el asesinato de Urías.

Un gran número de personas en la capital no seguían respetando igual al rey por causa de este asunto que se había aireado, de modo que les fue más fácil adherirse al partido de Absalón.

¿Qué nos enseña esta historia?

1º David creía que podía vivir como los reyes de las naciones vecinas y colocarse por encima de las leyes de Dios registradas en las Escrituras. Tuvo que darse cuenta de que esto era imposible. Algunos cristianos piensan a veces que ellos también pueden comportarse como la gente del mundo, y permitirse actuar de la misma manera. Pero, la diferencia es que ellos conocen la ley de Dios. "A todo aquel a quien se haya dado mucho, mucho se le demandará; y al que mucho se le haya confiado, más se le pedirá" Lc. 12:48.

2º David ha creído que podía ocultar su pecado, pero delante de Dios nada queda escondido e incluso "todo lo que habéis dicho en secreto será oído abiertamente y en pleno día, y todo lo que habéis susurrado al oído, detrás de puertas bien cerradas, será proclamado a voces en las azoteas" Lc. 12:3. Cuanto más las cosas que se hacen en secreto.

Dios no dijo nada durante un año, luego le envió a su profeta para anunciar su juicio a David. Podríamos poner al final de estos capítulos como epígrafe, lo que decía Pablo a los Gálatas: "No os engañéis: lo que el hombre sembrare, eso también segará".

3º ¿Cómo evitar lo que le pasó a David? "Huye de las pasiones que pueden avasallar al joven" 2 Ti. 2:22 BS, o todo hombre y mujer, sea cual fuera su edad (un aforismo alemán dice: "la mucha edad no protege de las necedades" y Spurgeon pretendía incluso que "en la Biblia, cada vez que alguien comete una necedad, es un viejo"). Tanto para los jóvenes como para todos, el consejo de Pablo sigue válido: "¡Huye!". En el nacimiento mismo de una pasión, la mejor táctica es huir antes que tome proporciones tales que no se pueda controlar. La huida no es cobardía sino realismo. José huyó ante la mujer de Potifar. Lo pagó caro, pero ceder le hubiera costado aún más caro, y de este modo, conservó su integridad ante Dios y ante los hombres – y Dios lo restableció a su debido tiempo.

Al consejo de Pablo va añadida una directriz positiva: "Y sigue (Haz todos los esfuerzos para cultivar BS) la justicia, la fe, el amor y la paz, con los que de corazón limpio invocan al Señor." Sin duda, David descuidó su vida interior, la oración y la comunión con otros creyentes. Si hubiera hablado de su tentación con un confidente y hubiese orado con él, no habría caído.

4º La última lección – positiva – de este episodio es la gracia de Dios: es un Dios de amor que no quiere la muerte del pecador sino una vida de comunión con él.

Si tomamos en serio estas diferentes lecciones, esta historia no habrá sido inútil.

El segundo pecado de David ha sido el orgullo que le indujo a ordenar el censo de Israel y de Judá (2 S. 24). Joab entendió perfectamente la motivación del rey y la falta que significaría cuando le dijo: "Añada Jehová tu Dios al pueblo cien veces tanto como son, y que lo vea mi señor el rey; mas ¿por qué se complace en esto (desea hacer tal cosa BS) mi señor y rey?" (v.3). Pero David no hizo ningún caso de esta advertencia. El objetivo de este censo era claramente de tipo militar dado que Joab comunicó a David el número de "hombres fuertes que sacaban espadas" (v.9); así que el rey quería saber con cuántos hombres podía contar en caso de guerra – en lugar de contar con Dios.

David fue consciente de haber cometido un pecado: "De repente, David sintió su corazón latir porque había hecho el censo del pueblo, y dijo al Señor: ¡He cometido una falta grave haciendo esto! Ahora, te suplico que perdones la falta de tu siervo puesto que reconozco que he actuado como un perfecto insensato" BS (v.10). Falta de fe y orgullo: no es de extrañar que el Cronista vea a Satanás detrás de esta iniciativa (1 Cr. 21:1).

Salomón: la tentación en la vejez (1 R. 11)

Ningún hombre recibió tantos favores como Salomón: llamado Jedidías (Bien amado del Señor) por el profeta Natán, siguiendo las indicaciones de Dios (2 S. 12:25), dotado de sabiduría y de inteligencia "como nadie en el pasado, ni en el futuro" 1 R 3:12 BS, de riquezas y de gloria más que todos los reyes de su tiempo, a la cabeza de un extenso reino tal que no hubo uno tan grande (ni se ha conocido uno tan grande después), lo tenía todo para tener éxito en la vida. Edificó el Templo del Señor y, en ocasión de su dedicatoria, pronunció una oración que sigue siendo un gran modelo. En su juventud y en su edad adulta, llevó a su pueblo a un grado de gloria nunca alcanzado previamente.

Es en su vejez que se desvió del camino recto. En lugar de obedecer a la orden de Dios (Dt. 17:17: el rey no debe tener muchas mujeres), se constituyó un harén de un millar de mujeres, muchas de las cuales eran extranjeras (1 R. 11:1-2; cf. Ex. 34:15-16; Dt. 7:3-4). "Cuando Salomón se hizo viejo, sus mujeres desviaron su corazón hacia dioses extranjeros, de modo que su corazón no pertenecía sin reservas al Señor su Dios, a diferencia de su padre David. Practicó el culto de Astoret, la diosa de los sidonios... En esta época, Salomón edificó para Quemos, el ídolo abominable de Moab, y para Moloc, el ídolo abominable de los amonitas. Hizo lo mismo para todas sus mujeres extranjeras para que puedan ofrecer perfume y sacrificios a sus dioses" (1 R. 11:4-5, 7-8).

El Tentador acosaba al creyente hasta en sus últimos días, y en la vejez, las tendencias que no han sido crucificadas levantan la cabeza con un renovado vigor. Muchos creyentes – y hasta siervos de Dios – que llevaron una vida pública ejemplar llegan a ser, con el tiempo, irascibles e inaguantables. Georges Müller oraba a menudo: "Señor, guárdame de convertirme en *a wicked old man* (un viejo malo)". La mucha edad actúa como una lupa, exagerando los lados buenos – y los malos – de nuestro carácter. "Es tremendo - dice Schäfer - ver a veteranos hijos de Dios llevarse sus pecados de juventud, sus costumbres pecaminosas y oscuras ataduras hasta en su cuarta edad y verles capitular gimiendo ante el pecado. Existen también los naufragios secretos" (p. 21-22).

El joven profeta: náufrago por desobediencia (1 R. 13)

El relato de este capítulo de Reyes cuenta una historia poco conocida. Este joven profeta de Judá había sido enviado a Betel para predicar contra los pecados de Jeroboam y llamar al pueblo al arrepentimiento. Después de anunciar la ira de Dios, está a punto de iniciar el camino de vuelta a su casa. Tiene hambre y sed, pero recuerda la orden de Dios: "No tomarás alimento, ni beberás agua en este lugar", mostrando así el desagrado de Dios con esta región. Y he aquí, un viejo profeta de Betel le invita a acompañarle a su casa para reponer fuerzas. El joven profeta repite la prohibición que tenía, pero el otro le cuenta que un ángel se le apareció pidiéndole que haga volver a su joven colega. Éste se deja convencer por esta mentira y le sigue. Al emprender su camino de vuelta, le ataca un león y muere por su desobediencia. El viejo profeta se lleva su cadáver y le entierra en su propia tumba. La oración fúnebre que pronuncia es sin lugar a dudas la más breve que encontramos en la Biblia: "¡Ay, hermano mío!" 13:30.

Sin duda le había mentido con buenas intenciones, pero las consecuencias de esta mentira fueron amargas. El joven se dejó desviar de su camino por una pretendida visión. Ahora bien, había recibido unas indicaciones claras y precisas que Dios no iba a contradecir. Hubiera podido contestar como lo hará el apóstol Pablo más tarde: "Mas si aun nosotros, o un ángel del cielo, os anunciare otro evangelio sea anatema (maldito BS)" Gl. 1:8. Dios actúa según la palabra que inspirará más tarde a su Hijo: "Aquel siervo que conociendo la voluntad de su señor, no se preparó, ni hizo conforme a su voluntad, recibirá muchos azotes (será castigado severamente BS)" Lc. 12:47.

El joven profeta debería haber desconfiado de su colega que vivía tranquilamente en Betel. Él mismo pudo darse cuenta de lo costoso que podía resultar proclamar la verdad en esta ciudad (13.4). ¿Cómo podía tener una existencia apacible este hombre que se decía profeta? Era posible únicamente al dejar la verdad debajo del almud. ¿Cómo semejante personaje que vivía haciendo tales compromisos podía recibir revelaciones de Dios en contradicción con las suyas?

Cuando estamos tentados de desobedecer a la voluntad de Dios claramente revelada, acordémonos de aquel joven profeta.

Elías: la tentación de huir en una depresión (1 R. 19:1-4)

El profeta Elías acababa de ganar una victoria abrumadora: el fuego del cielo había caído sobre su holocausto, demostrando a la vista de todos cual era la verdadera religión, cuatrocientos falsos profetas habían sido eliminados de golpe, la lluvia había vuelto después de años de sequía, había realizado un semi-maratón de 27 kilómetros delante del carro del rey Acab.

Fue suficiente un mensaje de la reina Jezabel, amenazándole de muerte para que se desplomara. "Viendo, pues, el peligro, se levantó y se fue para salvar su vida, y vino a Beerseba, que está en Judá, y dejó allí su criado. Y él se fue por el desierto un día de camino, y vino y se sentó debajo de un enebro; y deseando morirse, dijo: Basta ya, oh Jehová, quítame la vida, pues no soy yo mejor que mis padres" 19.3-4.

"Elías, que parecía no tener ningún problema en los capítulos anteriores, pese a experimentar una soledad extrema y una gran oposición espiritual, se viene abajo de repente en el capítulo 19. Está desanimado hasta el punto de desear la muerte. Está como atontado, paralizado, obnubilado por su soledad y su incapacidad para cambiar el mundo. Suspira su hastío y clama al Señor su desesperación" (D. Arnold *Elías* p.109).

Tenemos aquí los típicos síntomas de la depresión: sentimiento de fracaso y de inferioridad, el replegarse sobre uno mismo, el miedo de la vida, los pensamientos de muerte. Pero "en ningún momento, el Señor condena a Elías por un comportamiento culpable. Al contrario, en el capítulo 19, el Señor hace todo para animar y fortalecer a su profeta" (Ibíd. p.110).

¿Cómo llegó Elías a este punto después de todas las pruebas de la aprobación divina y los éxitos cosechados?

Había causas inmediatas en un plano meramente físico: en los días precedentes, desplegó una actividad descomunal, tanto en el plano físico como psíquico: tuvo que enfrentarse al rey que había lanzado una orden de búsqueda y captura en todo Israel y en los países vecinos para eliminarle; y he aquí que Dios le pedía que se presentase ante él. Luego, tuvo que organizar el encuentro del Carmel donde se hallaba solo frente a cuatrocientos profetas de Baal. Según el texto, "Elías *restableció* el altar del Señor, que había sido derribado, con doce piedras... Alrededor, *cavó* una reguera capaz de contener unos treinta litros. Luego *dispuso la leña* sobre el altar, *despedazó el buey*, *colocó* los trozos de carne sobre la leña...". Después que el fuego cayera del cielo sobre su holocausto, ordenó la captura de todos los profetas de Baal e hizo que se degollaran en el torrente de Cisón, luego "Elías subió hacia la cumbre del monte Carmel". "De repente, cayó una lluvia torrencial. Acab subió sobre su carro y se fue a Jizreel. Lleno de fuerzas de parte del Señor, Elías ciño su cintura alrededor de sus lomos y corrió delante del carro del rey Acab (unos 27 km) hasta la entrada de Jizreel"BS. Una actividad física extraordinaria.

Apenas llegar, en vez de poder tomarse unos días de descanso bien merecidos, debe huir de Jezabel hasta Beerseba donde deja a su criado, luego se adentra en el desierto como a un día de camino. No había muchos restaurantes de carreteras en esta ruta. Lo que sigue prueba que estaba muy hambriento puesto que pudo engullir dos comidas copiosas preparadas por el cocinero celestial. El agotamiento por exceso de actividad, el cansancio y el hambre son ingredientes excelentes para desencadenar una depresión. Pero, observamos que "Elías nunca fue criticado por un activismo excesivo. La confrontación del monte Carmel había sido aprobada por Dios. El semi-maratón hasta Jizreel era necesario. La caminata (¿forzada?) atravesando Judá también. Su soledad le había sido impuesta por Dios y por las circunstancias" (D. Arnold *Elías*).

Además de esto, se añaden razones psicológicas que aparecerán más adelante en el relato. En dos momentos, le pregunta Dios: "¿Qué haces aquí, Elías?". Y en ambas ocasiones, el profeta contesta de la misma manera:

1º "He sentido un vivo celo por Jehová Dios de los ejércitos..." Un celo ardiente por tu causa me ha poseído. La psicología moderna hablaría del "síndrome de hiperactividad" que resulta ser a menudo la causa del *burn-out* (NdT. *quemado*. Expresión inglesa frecuentemente usada en otras lenguas para decir 'agotamiento por exceso de actividad') para los siervos de Dios.

2º "Porque los hijos de Israel han dejado tu pacto, han derribado tus altares, y han matado a espada a tus profetas; y sólo yo he quedado". Sentimiento de fracaso, de soledad, de inferioridad. "Nadie me ayuda, nadie me entiende, me he quedado solo frente a la oposición": ¡sentimientos de lo más deprimente! Elías recalca "su ineficacia. Su ministerio no ha tenido el menor impacto. Los tres años de sequía y la demostración del Carmel no sirvieron para nada. Nunca se reproducirán circunstancias así de impactantes, idóneas para convencer. ¿Por qué luchar cuando el fracaso está cantado? Mejor dejarlo. Elías tira la toalla" (D. Arnold *Elías* p.114).

3º "Y me buscan para quitarme la vida". Miedo al mañana, miedo de los hombres. En vano podríamos recordarle como Dios había protegido su vida, pues es imposible razonar con personas deprimidas. Les ha invadido un miedo visceral ante el cual todo argumento racional es rechazado y cae como agua en la espalda de un pato.

¿Cómo actuará Dios con Elías?

"Eliseo echándose debajo del enebro, se quedó dormido". Y Dios le deja dormir. No comienza a razonar con él para recordarle las bendiciones pasadas. Lo que necesita primero Elías es un buen descanso. A veces, el mejor principio de una terapia es una cura de sueño.

Luego, "un ángel le tocó, y le dijo: Levántate, come. Entonces el miró, y he aquí a su cabecera una torta cocida sobre las ascuas, y una vasija de agua; y comió y bebió, y volvió a dormirse. Y volviendo el ángel de Jehová la segunda vez, lo tocó, diciendo: Levántate y come, porque largo camino te resta" v.5-7.

¡Parece poco espiritual este ángel! ¡En lugar de pedirle que se ponga a orar, o que se arrepienta por su falta de fe y su desánimo, le dice que coma y beba! Pero, gracias a estos alimentos Elías tendrá las fuerzas necesarias para caminar unos cuarenta días y cuarenta noches y estar preparado para recibir una nueva revelación de Dios. Hasta este momento conocía a Dios como el que se manifiesta en el poderoso viento, el terremoto y el fuego que cae del cielo. Debe aprender a conocerle también como el que se revela en "un silbo apacible y delicado" ("un susurro suave y ligero" BS; "un soplo de silencio" traduce Chouraqui).

Cuando después de esta revelación, Dios le vuelve a hacer la pregunta: "¿Qué haces aquí, Elías?", éste contesta de nuevo: "He sentido un vivo celo por Jehová Dios de los ejércitos, porque los hijos de Israel han dejado tu pacto, han derribado tus altares, y han matado a espada a tus profetas; y sólo yo he quedado y me buscan para quitarme la vida", pero no añade: "Basta ya, oh Jehová, quítame la vida, pues no soy yo mejor que mis padres". Sale fortalecido de su depresión.

Un libro alemán titulado: "La depresión: una oportunidad para la vida". Observa lo que hemos notado en Elías: cansancio, miedo, sentimiento de soledad, de incapacidad. Entre las causas de la depresión: el éxito. "En cuanto alcanza uno la meta deseada por mucho tiempo, el peligro de depresión aumenta considerablemente" (p.141). Cita varios casos en los que la depresión permitió adquirir una nueva percepción de uno mismo y una actitud diferente ante la vida.

En todo caso, después de esta experiencia, Elías está dispuesto a asumir nuevas tareas al servicio de su Amo (1 R. 19:15-18) y a nombrar su sucesor (v. 19-21).

Giezi: tentado por las riquezas (2 R. 5:20-27)

Giezi, siervo de Eliseo, había sido testigo de las poderosas obras de Dios en la vida de su amo. Hubiera podido convertirse en su discípulo y ejercer a su vez un ministerio profético. Pero nunca extirpó de su corazón el amor al dinero. Había visto los ricos regalos que el sirio Naamán había llevado para ofrecerlos a Eliseo, que no los quiso aceptar de ninguna manera (5.16). Esto irrita a Giezi, pero le sugiere una idea: irá en pos de Naamán y le contará una mentira para conseguir una parte de las riquezas rechazadas por el profeta. Para ocultar esta manipulación, debe mentir una segunda vez (v.25). Su codicia y sus mentiras le cuestan una lepra a él y a sus descendientes.

No en balde nos pone sobre aviso Jesús, contra el dios Mamón (Mt. 6:24).

Asa: la tentación de no arrepentirse (2 Cr. 16)

Los capítulos de 2 Crónicas 13 a 16 cuentan todas las hazañas de Asa para la honra del Señor. "Bajo el reino de Asa, el país experimentó diez años de paz. Asa hizo lo que el Señor considera bueno y justo. Pidió a los habitantes de Judá que se apegaran al Señor, el Dios de sus antepasados, y que obedeciesen los mandamientos de la Ley" (2 Cr. 14:1-2,4). Gracias al Señor, ganó victorias en respuesta a sus oraciones (14.11), renovó la alianza con el Señor (Cap. 15) y emprendió reformas religiosas. No dudó incluso en destituir a su abuela de su rango de reina-madre porque había hecho una estela idolátrica con la imagen de Asera. Llegó a ser el reformador del país de Judá.

Durante treinta y seis años, sirvió al Señor. Luego vino la crisis. Ante las amenazas de guerra del rey de Israel, en lugar de apoyarse sobre el Señor como en el pasado, buscó ayuda de parte del rey pagano de Siria, Ben Hadad. Hasta le envió plata y oro del Templo del Señor.

Cuando volvió victorioso de la guerra contra Israel, el profeta Hanani lo reprendió porque se había apoyado en un rey pagano y no en el Señor. En lugar de tomarse en serio este mensaje y de humillarse, envió a este profeta a la cárcel.

"En el año treinta y nueve de su reinado, Asa enfermó gravemente de los pies, y en su enfermedad no buscó a Jehová, sino a los médicos (sino sólo a los curanderos BS)" (16.12). Después de treinta y seis años de fiel servicio al Señor, Asa naufragó en cuanto a la fe porque no quiso arrepentirse.

En la vida de cualquier hijo de Dios llega un tiempo de crisis. ¿Cómo hacerle frente? El número de años de fidelidad al Señor no evita las pruebas y no da ninguna garantía en cuanto a su desenlace. La falta de Asa consistió en asociarse con el mundo sin Dios. El apóstol Pablo nos advierte: "No os asociéis con los no creyentes para actuar como ellos. En efecto, ¿puede lo que es justo unirse con lo que es malo? ¿Puede la luz ser solidaria de las tinieblas? ¿Puede Cristo entenderse con el diablo? ¿Qué cosa pueden tener en común el creyente con el no creyente? ¿Qué acuerdo puede existir entre el Templo de Dios y los ídolos? Porque nosotros somos el Templo del Dios vivo. Dios mismo dijo: Habitaré y andaré entre ellos. Seré su Dios, y ellos serán mi pueblo. Por lo cual: Salid de en medio de ellos, separaos de ellos, dice el Señor. No tengáis contacto con lo impuro, entonces os recibiré. Seré para vosotros por Padre, y vosotros me seréis hijos e hijas, dice el Señor, el Todopoderoso" 2 Co. 6:14-18.

No obstante, Hanani había transmitido a Asa una maravillosa promesa: "Los ojos del Señor recorren toda la tierra para sostener a aquellos cuyo corazón es completamente suyo" (16.9ª LA); pero como Asa no cumplía esta condición, el profeta tuvo que añadir: "Tú has obrado neciamente en esto. Ciertamente, desde ahora habrá guerras contra ti".

Uzías: la tentación del abuso de poder (2 Cr. 26:16-21)

Uzías, hijo de Amasías, "hizo lo que el Señor considera justo, imitando punto por punto a su padre Amasías" (26.4 BS). El versículo siguiente matiza esta afirmación: "Y persistió en buscar al Señor mientras vivió Zacarías que le enseñaba como reverenciar a Dios. Y mientras persistía en buscar al Señor, Dios le hacía tener éxito". "Dios le asistió en la lucha contra los filisteos, contra los árabes establecidos en Gur-baal y contra los amonitas que le pagaron un tributo, y su fama se extendió lejos hasta en Egipto, porque había llegado a ser extremadamente poderoso" (v.15c BS).

"Pero, cuando llegó a ser poderoso, su corazón se infló de orgullo, lo que acarreó su pérdida. Fue rebelde al Señor su Dios porque penetró en su Templo para ofrecer incienso sobre el altar del incienso" (v.16). No le bastaba su oficio de rey, quería además tener el oficio de sacerdote. Los sacerdotes le reprendieron, entonces se llenó de ira contra ellos. Dios le hirió con una lepra que no le abandonó hasta el día de su muerte, de modo que tuvo que pasar los últimos años de su vida recluido en una casa apartada.

¡Para cuántos hombres y mujeres – e incluso siervos de Dios – podríamos repetir este versículo 16! El abuso de poder es una de las tentaciones más comunes entre los que ya tienen cierto poder. Lo vemos en el ámbito de la política donde hay leyes para limitar los mandatos de los líderes – si bien a menudo se las arreglan para transgredir estas leyes y seguir aferrados al poder. Otros, como Uzías, intentan extender las competencias de su poder más allá de lo que se les había asignado, invadiendo sin reparo el campo de otros. Porque el poder actúa como una droga que embriaga a los que lo poseen. No en vano se dice que "el poder corrompe – y el poder absoluto corrompe absolutamente".

"En el cementerio de los náufragos"

CAPÍTULO 4

En el tiempo del Nuevo Testamento

Judas: el amor al dinero

Durante tres años, Judas se ha beneficiado de la enseñanza del mejor de los maestros. Fue escogido por él (Jn. 6:7), vio los milagros que Jesús hacía, los enfermos sanados, los poseídos liberados. Escuchó las llamadas de Cristo para que la gente le siguiera y tomase su yugo sobre ellos (Mt. 11:28). Fue testigo del dolor que sentía Jesús ante el rechazo de Jerusalén a someterse a él: "¡Jerusalén, Jerusalén, que matas a los profetas, y apedreas a los que te son enviados! ¡Cuántas veces quise juntar a tus hijos, como la gallina junta sus polluelos debajo de las alas y no quisiste!" (Mt. 23:37). Estas últimas palabras podían aplicarse a él: "Pero no quisisteis". Su voluntad nunca se doblegó enteramente a la ley de su Maestro.

Cuando María de Betania derramó su perfume sobre los pies de Jesús, Judas protestó: "¿Por qué no fue este perfume vendido por trescientos denarios, y dado a los pobres? (Jn. 12:5). Pero Juan precisa: "Pero dijo esto, no porque se cuidara de los pobres, sino porque era ladrón, y teniendo la bolsa (y como era él quien gestionaba la bolsa común BS), sustraía de lo que se echaba en ella" (v.6). Tenía desde hacía mucho tiempo un serio problema con el dinero. Cuando fue a ver a los principales sacerdotes judíos, les preguntó: ¿Qué me queréis dar, y yo os lo entregaré? ("Si me encargo de entregaros a Jesús, que cantidad me daréis?" BS) Mt. 26:15.

Tal vez existían otras razones que jugaron un papel en su decisión de traicionar a Jesús. ¿Tenía las mismas creencias mesiánicas que los saduceos que esperaban a un Mesías político que echaría fuera a los romanos y establecería el reino de Dios? Al ver que Jesús tardaba en llevar a cabo esta visión y que, en cambio, hablaba de sus sufrimientos y de su muerte, ¿su esperanza se desmoronó quizás, y perdió la fe en su Maestro? O bien, como algunos han pensado: ¿creía que el hecho de entregarle a las autoridades judías y romanas le obligaría a revelar su verdadera naturaleza? No son más que especulaciones. El único indicio que nos da la Biblia, es su amor al dinero. Era muy probablemente el móvil principal de su acción – que queda aún más rastrera.

¿Habría podido ser perdonado si se hubiese arrepentido (como Pedro)? Es difícil imaginar que el que pidió a sus discípulos que perdonasen setenta y siete veces siete veces no le perdonara, incluso tratándose de este crimen horrible, si Judas se lo hubiera pedido.

Ananías y Safira: la mentira concertada (Hch. 5:1-11)

Ananías y Safira eran dos miembros de la Iglesia primitiva. Habían visto que "los que poseían heredades (campos o casas BS) las vendían, y traían el precio de lo vendido, y lo ponían a los pies de los apóstoles; y se repartía a cada uno según su necesidad" (Hch. 4:34-35). Entonces quisieron seguir este ejemplo, vendieron un campo y trajeron una parte del importe de esta venta a los apóstoles. Guardaron una parte de la suma, lo que era perfectamente legítimo. Pedro se lo recordó a Ananías: "¿No estabas libre para guardar tu propiedad? ¿E incluso, después de haberla vendido, no hubieras podido disponer de tu dinero como hubieses querido?" (5:4), es decir, guardar todo o una parte. Entonces, ¿dónde estaba el problema? Lo aprendemos de la boca de Safira: "Pedro le preguntó: Dime, ¿es realmente a este precio que vendisteis vuestro campo? –Sí, respondió ella, es realmente a este precio" BS. El pecado no era haber guardado una parte del precio de venta del campo, sino mentir. Querían parecer más espirituales de lo que eran en realidad, dando la impresión – a los apóstoles y a todos los demás – de que habían dado la totalidad del importe de la venta.

Jesús denunció la hipocresía de los fariseos. Y ¿qué es la hipocresía? Etimológicamente es una actuación o comedia detrás de una máscara, o sea, según la tradición del teatro antiguo, hacer creer gracias a una máscara que uno es otra persona de la que es en realidad.

La mentira de Ananías y Safira tenía el agravante de haber sido concertada entre ambos: "Si te preguntan si hemos vendido nuestro campo por la suma que vamos a entregar a los apóstoles, les dirás que sí". Y la mujer estaba de acuerdo. Este episodio revela lo grave que es la comedia religiosa a los ojos de Dios. ¿No somos, acaso, todos tentados por este mismo pecado?

Demás: el amor del mundo (2 Ti. 4:10)

Demás había sido discípulo de Pablo. Lo había acompañado en sus viajes misioneros. Pablo lo llama su "colaborador" (Flm. 24). Estaba todavía con él en la primera cautividad romana del apóstol: En Col. 4:14, Pablo saluda la Iglesia de Colosa de su parte, pero en la 2ª epístola a Timoteo, aprendemos que "Demás me ha desamparado, amando este mundo, y se ha ido".

¿Por qué dicho abandono? ¿No había roto radicalmente en su corazón su amor al mundo? ¿Conservaría una puerta abierta para los placeres del mundo y su atractivo?

Pablo no le echa la piedra; se limita sólo a constatar el hecho. En el transcurso de los siglos muchas otras personas siguieron los pasos de Demás al haber "comenzado por el Espíritu de Dios y acabado por la carne" (Gl. 3:3 BS). Sin lugar a dudas, Pablo habría apuntado a Demás en su lista de oración para pedirle a Dios que interviniese para que volviera este hijo pródigo. En todo caso es lo que debemos hacer para todos los Demás que se cruzan por nuestro camino, intercediendo fielmente por ellos hasta el día en que Dios los hará volver – o se los llevará de este mundo.[13]

Himeneo, Alejandro y Fileto: el naufragio en cuanto a la fe (1 Ti. 1:20; 2 Ti. 2:17)

Estos tres hombres "naufragaron en cuanto a la fe" porque se apartaron de una buena conciencia (1 Ti. 1:20) y de la verdad (2 Ti. 2:17). De este modo desviaron a otros de la fe. Su palabra carcomía como gangrena (2 Ti. 2:16-18).

¿Cuál fue la razón de estos naufragios? Pablo nos dice que no escucharon las advertencias de su conciencia cuando se alejaban del camino recto; hicieron un pacto con la tentación y cedieron a sus incitaciones, luego justificaron sus descarríos con razonamientos. Es lo que hacían los contendientes

---

13 Después de haber intercedido durante unos cuarenta años por un Demás seducido por el amor al mundo, tuve el gozo de verle volver al Señor. Ver el libro de Rob Parson: "Reviens! Nous t'attendons" ("¡Vuelve, te esperamos!") (Ed. Emmaüs).

mencionados por Pablo en Ro. 6:1 quienes afirmaban que al perseverar en el pecado se puede hacer abundar la gracia, o que se podía permanecer en el pecado porque no estamos bajo la ley sino bajo la gracia (Ro. 6:15). Es lo que harían los gnósticos en el siglo II, pretendiendo que lo que ocurre en nuestro cuerpo no afecta a nuestro espíritu, y que se puede vivir en el libertinaje sin caer de la gracia. Para no ser frenados por la conciencia, se ocultan sus advertencias y se trata de legalistas a los que recuerdan que la vida cristiana conlleva también obligaciones éticas.

Himeneo, Alejandro y Fileto tuvieron una prolífica descendencia en la Iglesia de todos los tiempos. Muchas herejías no se originaron por un problema intelectual sino por razones morales.

Los laodicéos: la tentación de la tibieza (Ap. 3:14-22)

El reproche que el Señor hace a la Iglesia de Laodicea es de parecerse a su agua: ser tibios; ni fríos ni calientes; ni contra el cristianismo ni comprometidos en su favor ("ni en favor, ni en contra, ¡todo lo contrario!").

La tibieza es también una enfermedad de nuestro tiempo en los países que no conocen la persecución; es la indiferencia, la falta de compromiso: no hay hambre de la Palabra de Dios, de participar de las reuniones de oración, de buscar la comunión fraternal. Descansa uno en la experiencia de su conversión, pero no sigue habiendo victorias sobre el pecado (Jn. 8:36), no hay una comunión viva con Cristo por el Espíritu Santo, no hay un servicio con celo al Señor, no hay una vida "escondida con Cristo en Dios" (Col. 3:3). Muchos naufragios espirituales comenzaron por una temporada de tibieza en la que se había abandonado el primer amor.

Pedro: un náufrago perdonado

Pedro había sido escogido como los demás once para acompañar a Jesús y ser, luego, enviado (=apóstol) para difundir la Buena Nueva. Formaba parte del círculo íntimo de los discípulos de Jesús que "tomó a Pedro, a Jacobo y a Juan, y los llevó aparte solos a un monte alto; y se transfiguró delante de ellos" (Mc. 9:2). Pedro, a menudo, era el portavoz de los doce.

Jesús le puso sobre aviso: "Simón, Simón, he aquí Satanás os ha pedido para zarandearos como a trigo; pero yo he rogado por ti, que tu fe no falte; y tú, una vez vuelto (el día que vuelva a mí BS) confirma a tus hermanos" Lc. 22:31-32.

Jesús no oró para evitar la tentación en la vida de sus discípulos. Permitió que Satanás se acercase a Pedro que necesitaba encararse a la tentación. En su corazón, residían determinadas disposiciones que debían manifestarse. Por ejemplo, la que aparece inmediatamente después de esta palabra de Jesús cuando dice: "Señor, dispuesto estoy a ir contigo no sólo a la cárcel, sino también a la muerte" (v.33). Pedro confiaba demasiado en sus propias fuerzas. Era necesario que viese adonde le llevaba su actitud presuntuosa. Jesús se lo predice: "Pedro, te digo que el gallo no cantará hoy antes que tú niegues tres veces que me conoces" (v.34). Pero Pedro protestó vehementemente: "Aunque todos se escandalicen, yo no... Si fuere necesario morir contigo, no te negaré. También todos decían lo mismo" Mc. 14:29-31.

Pablo advierte a los Corintios denunciando esta actitud prepotente: "Así que, el que piensa estar firme, mire que no caiga". Cuando nos sentimos fuertes, tenemos la impresión de no necesitar a Dios para mantenernos de pie.

Primer abandono: Jesús había pedido a los discípulos que velasen mientras estuviera orando en Getsemaní. Cuando volvió a reunirse con ellos, les encontró durmiendo. Dijo a Pedro: "Simón, ¿duermes? ¿No has podido velar una hora?" Mc. 14:37.

Dos veces seguidas se reproduce la misma escena, luego vino el drama. Pedro había entrado en el patio interior del palacio del sumo sacerdote. Por cierto, ¡no quería abandonar a su Maestro! ¿Qué pasó a continuación? Él mismo nos lo cuenta (no olvidemos que Marcos escribió la vida de Jesús tal como Pedro se la contó): "Vino una de las criadas del sumo sacerdote; y cuando vio a Pedro que se calentaba, mirándole, dijo: Tú también estabas con Jesús el nazareno. Mas él negó, diciendo: No le conozco, ni sé lo que dices. Y salió a la entrada; y cantó el gallo" (Mc. 14:66b-68).

¿Por qué contestó de esta manera? ¿Tenía miedo que le arrestasen también a él? ¿O bien que le expulsaran, mientras quería quedarse para ver lo que acontecería a Jesús? O tal vez ¿tenía la intención de defenderle como cuando fue arrestado? (14:47)

"Y la criada, viéndole otra vez, comenzó a decir a los que estaban allí; Este es de ellos. Pero él negó otra vez. Y poco después, los que estaban allí dijeron otra vez a Pedro: verdaderamente tú eres de ellos; porque eres galileo, y tu manera de hablar es semejante a la de ellos. Entonces él comenzó a maldecir, y a jurar: No conozco a este hombre de quien habláis. Y el gallo cantó la segunda vez. Entonces Pedro se acordó de las palabras que Jesús le había dicho: Antes que el gallo cante dos veces, me negarás tres veces. Y pensando en esto, lloraba" Mc. 14:69-72.

Después de la resurrección, es nuevamente Pedro quien toma la iniciativa: "Simón Pedro les dijo: Voy a pescar. Ellos le dijeron: Vamos nosotros también contigo. Fueron..." (Jn. 21:3ª)

Jesús les había dicho: "Haré de vosotros pescadores de hombres", bueno vale, pero, qué queréis que os diga, hace falta comer. Y con todo lo que pasó, después de haberle abandonado todos y sobre todo después de la negación de Pedro, ya no se hablaba del tema. Vuelta a la casilla de salida: pescadores de peces. Pero pescadores que vuelven con las manos vacías: "Aquella noche no pescaron nada". Conocemos el desenlace de la historia (Jn. 21:4-14).

Después de haber comido, Pedro recibió una lección particular de su Maestro: Jesús dijo a Simón Pedro: Simón, hijo de Jonás, ¿me amas más que éstos?" Jn. 21:15ª. ¡Ay, ay, ay! Un discreto recordatorio de su presunción (Mc. 14:29). Muy humildemente, Pedro renuncia al "más que" y no se atreve a utilizar el verbo *agapeô* que Jesús utilizó sustituyéndolo por el verbo *fileô*. Segunda pregunta: "¿Me amas?" (no incluye el "*más que*"). – Respuesta: "Sí Señor; tú sabes que te amo". Jesús "le dijo la tercera vez: Simón, hijo de Jonás, ¿me amas? Pedro se entristeció de que le dijese la tercera vez: ¿Me amas? y le respondió: – Señor, tú lo sabes todo; tú sabes que te amo. Jesús le dijo: Apacienta mis ovejas" (Jn. 21:17).

Tres preguntas correspondiendo a las tres negaciones. A la tercera pregunta, Jesús vuelve a usar la palabra *fileo* de Pedro, como si dudara incluso de ello. Pero lo que importaba era que en tres ocasiones Jesús restableció a Pedro en su ministerio: "Apacentar a las ovejas del Señor, cuidar de ellas". Se podía perdonar incluso un fallo tan grave como el que había cometido Pedro: "Cuando el pecado abundó, sobreabundó la gracia" Ro. 5:20.

Una pregunta muy seria

Repasando la lista de los náufragos, una pregunta muy seria se nos plantea: ¿perdieron estos hombres la salvación? Una de las doctrinas fundamentales de los cristianos evangélicos de la rama reformada es "la perseverancia final de los santos", esto es, que alguien que se ha convertido realmente nunca puede perder su salvación.

Mediante el nuevo nacimiento, llegamos a ser hijos de Dios. No importa lo que puedan hacer nuestros hijos y nuestras hijas, siguen siendo nuestros hijos. ¿Podría Dios negar a los suyos?

"Mis ovejas oyen mi voz, y yo las conozco, y me siguen, y yo les doy vida eterna; y no perecerán jamás, ni nadie las arrebatará de mi mano. Mi Padre que me las dio, es mayor que todos, y nadie las puede arrebatar de la mano de mi Padre" (Jn. 10:27-29).

"Sí, estoy absolutamente seguro", declara el apóstol Pablo, "de que ni la muerte, ni la vida, ni ángeles ni dominaciones, ni el presente, ni el porvenir, ni las potencias, ni todo lo que está arriba ni todo lo que está abajo, ni ninguna criatura, nada podrá arrebatarnos del amor que Dios nos manifestó en Cristo Jesús Señor nuestro" (Ro. 8:38-39 BS).

Tenemos aquí preciosas promesas de seguridad.

Sin embargo, la Biblia nos relata también los ejemplos que acabamos de ver, de hombres que han formado parte del rebaño de Dios y que se han alejado. La mayoría de los que hemos mencionado arriba formaban todavía parte del antiguo pacto que no tenía las mismas normas de salvación que nosotros. Pero, hemos presentado algunos ejemplos sacados del Nuevo Testamento. Se le llama a Judas el "hijo de perdición" y Jesús dice de él que "se perdió" (Jn. 17:12). Es cierto que antes de Pentecostés, los discípulos no tenían todavía al Espíritu Santo morando en ellos; aún no habían nacido de nuevo. Por consiguiente, el caso de Judas no es normativo. Pero tenemos a Himeneo y a Alejandro de los que Pablo dice que "naufragaron en cuanto a la fe" (1 Ti. 1:19-20). Dado que "somos salvos por la fe", ¿puede subsistir la salvación cuando no queda fe? El apóstol añade incluso: les "entregué a Satanás". Sea cual sea el significado de esta expresión enigmática, no resulta ser un entorno propio de un hijo de Dios. En la misma carta, Pablo contempla el caso de varias viudas que "se han apartado del camino recto para seguir a Satanás" (5:15BS) y de las personas que "se desviaron de la fe" (6:21). En 2 Ti. 2:18, vuelve a hablar de Himeneo, al que le añade Fileto, ambos "se desviaron de la verdad" y "trastornaron la fe de algunos".

No podemos tampoco pasar por alto las vehementes exhortaciones de la carta a los Hebreos. "Cristo es digno de confianza como Hijo, al cargo de su casa. Y su casa somos nosotros, *con tal que* guardemos (si mantenemos BP) una plena seguridad y si nos gloriamos en nuestra esperanza" (3:6). "Mucho cuidado pues, hermanos míos, que nadie entre vosotros tenga un corazón malo e incrédulo hasta el punto de apartarse del Dios vivo... que nadie entre vosotros se deje engañar por el pecado y cierre su corazón a Dios. En efecto, somos asociados a Cristo (llegamos a ser participantes de Cristo), con tal que conservemos firmemente y hasta el fin, la seguridad que tuvimos desde el principio" (3:12-14 BS). "Porque es imposible que los que una vez fueron iluminados y gustaron del don celestial, y fueron hechos partícipes del Espíritu Santo, y asimismo gustaron de la buena palabra de Dios y los poderes del siglo venidero, y recayeron, sean otra vez renovados para arrepentimiento, crucificando de nuevo para sí mismos al Hijo de Dios y exponiéndole a vituperio" (6:4-6).

Es posible dar una explicación de todos estos pasajes indicando que se refieren a los que se interesaron simplemente por el Evangelio, los que hicieron un primer paso hacia el salvador, pero nunca nacieron de nuevo. Es posible... sin embargo, a primera vista, que el sentido de estos pasajes no vaya en esta dirección. ¿Cómo puede uno llegar a "tener parte en el Espíritu Santo" (trad. Segond) sin formar parte del rebaño del Señor? Desgraciadamente, la experiencia nos enseña que ciertos hombres y mujeres pasaron por la conversión, llevaron frutos de una vida nueva, llevaron a otros a la fe con el testimonio de su mensaje y de su vida, y luego... se apartaron de la fe. ¿Habían nacido de nuevo? ¿¿¿Volverán tal vez al Señor antes de su muerte, aunque sea en el último momento???

No deberíamos forzar las afirmaciones bíblicas para hacerlas entrar a presión en nuestros esquemas dogmáticos – en ninguno de los sentidos. Después de todo, la Biblia no es un manual de teología sistemática, sino un libro de vida. Ahora bien, en la vida hay momentos de depresión y de duda en los que necesitamos escuchar las vigorosas afirmaciones que nos aseguran que estamos en las manos de un Padre todopoderoso, de las que nadie nos podrá arrebatar. Hay también creyentes en Cristo timoratos que siempre se cuestionan su propia salvación y necesitan ser tranquilizados, como los creyentes a los que se dirigía el apóstol Juan diciéndoles: "Estas cosas os he escrito a vosotros que creéis en el nombre del Hijo de Dios, para que sepáis que tenéis vida eterna" 1 Jn. 5:13.

Hay también otros momentos en los que somos tentados por el pecado y corremos el riesgo de contar con falsas seguridades: "De todos modos me he salvado (incluso si llego a perder mi recompensa)". Hay creyentes presuntuosos que toman su salvación a la ligera. Es a estas personas a quienes se dirige la segunda serie de pasajes: "No juguéis con vuestra salvación". Hacedla fructificar "en un espíritu de respeto y de humildad (con temor y temblor)" (Flp. 2:12).

Es en esta tensión entre seguridad y falsa seguridad, confianza y presunción, que debemos vivir, en la vigilancia y la oración "para no ceder a la tentación. El espíritu del hombre está lleno de buena voluntad, pero la naturaleza humana es muy débil" Mt. 26:41 BS. Mientras sigamos nuestro camino con el Señor, nada podrá arrancarnos de su mano. Pero, dejémonos avisar por todos estos hombres que empezaron bien con Dios y dejaron su mano para seguir caminos a su aire.

CAPÍTULO 5

En el palmarés de los vencedores

Si bien la Biblia nos presenta el ejemplo de hombres y mujeres que cedieron a la tentación, nos ofrece también modelos de otros que han sabido resistir a la tentación. Los relatos bíblicos no son tan explícitos en este sentido para ofrecernos detalles de las tentaciones, pero nos bastará ponernos en su lugar para darnos cuenta de que hubiéramos sido tentados a seguir una conducta diferente de la que tomaron. Este capítulo, a diferencia de los precedentes, deja lugar a cierta especulación, pero si conocemos bien nuestro corazón, no nos será muy difícil ponernos en su lugar.

Nos limitaremos a 8 personajes, pero nos darán un patrón para que podamos asociarles a otros ejemplos bíblicos de vencedores de la tentación.

Abraham

¿Podía ser tentado Abraham? Si era un hombre como nosotros, lo ha sido, con toda certeza. Sólo podemos imaginarnos estas tentaciones al calzar sus zapatos en las situaciones que nos describe el libro de Génesis.

La primera palabra que Dios le dirige es la siguiente: "Vete de tu tierra y de tu parentela, y de la casa de tu padre, a la tierra que te mostraré". Si hubiéramos estado en su lugar, probablemente hubiésemos dicho: "¡Me encuentro bien aquí! Ya he superado la edad de jubilación. No veo porque me lanzaría a una aventura así". Según lo que nos han podido enseñar las excavaciones arqueológicas, Ur de los Caldeos que había dejado con su padre era una ciudad opulenta con una civilización muy avanzada: las casas eran confortables con un elaborado sistema de alcantarillado (¡que funcionaba todavía después de 4000 años!), donde los niños aprendían en la escuela las raíces cúbicas. Harán contaba probablemente con un confort similar. ¿Por qué dejar la vida de la ciudad a la que estaba acostumbrado para hacerse nómada? Estas son unas cuantas consideraciones que han podido ser una tentación para Abraham.

Las Sagradas Escrituras nos relatan sencillamente: "Y se fue Abram, como Jehová le dijo; y Lot fue con él. Y era Abram de edad de setenta y cinco años cuando salió de Harán". El autor de la carta a los Hebreos comenta: "Por la fe Abraham, siendo llamado, obedeció para salir al lugar que había de recibir como herencia; y salió sin saber a dónde iba" Heb. 11:8.

En el país de Canaán, un conflicto opone los pastores de Abram a los de Lot, porque "la tierra no era suficiente para que habitasen juntos, pues sus posesiones eran muchas" (13:6). Abram propone a Lot: "Separémonos. Todo el país está a tu disposición. Si vas a la izquierda, iré a la derecha, y si vas a la derecha iré a la izquierda" (v.9 BS). Y Lot escogió la mejor parte, en vez de dejar elegir a su tío mayor de edad. Abram acepta sin hacerle observar su descortesía. Algún tiempo más tarde, unos reyes vienen para atacar a Sodoma. Los reyes de Sodoma y de Gomorra huyen dejando la ciudad a la merced de sus atacantes. "Los vencedores se apropiaron de todos los bienes de Sodoma y de Gomorra, tomaron todas sus reservas de víveres y se fueron. Capturaron también a Lot sobrino de Abram, con sus bienes, porque residía en Sodoma" 14:11-12. En el lugar de Abram, ¿no hubiésemos sido tentados de decir: "¡Te lo has buscado! Cosechas el fruto de tu elección; ahora, ¡apáñate!"? Si semejante tentación vino a la mente de Abram, tuvo que rechazarla inmediatamente, porque leemos: "Cuando Abram se enteró que su pariente había sido llevado cautivo, armó a trescientos dieciocho hombres bien entrenados, nacidos en su casa, y persiguió a los cuatro reyes hasta Dan... Recobró todo el botín, rescató también a Lot su pariente, así como sus bienes, las mujeres y los demás prisioneros" 14:14, 16 BS.

Dios había prometido a Abram: "Haré de ti el antepasado de una nación grande" 12:2 BS. En la espera, Abram tenía unos ochenta años y seguía sin tener heredero. Una tentación se le presenta bajo la forma de su mujer: "Dijo a Abram: ves que el Señor me ha impedido tener hijos. Llégate pues a mi sierva: quizás tendré un hijo de ella. Abram siguió el consejo de su mujer" 16:2 BS. Conocemos todas las consecuencias cercanas y lejanas – hasta nuestros días – que resultaron de este traspié. Pero Dios renueva su promesa y "Abraham esperó pacientemente y así es como vio cumplirse lo que Dios le había prometido" Heb. 6:15 BS. "Consideró su cuerpo que estaba como muerto, pues tenía casi cien años, y el de Sara, que no podía dar vida, y su fe no se debilitó" Ro. 4:19. Resistió entonces todas las tentaciones de perder la fe en las promesas de Dios – y su fe fue recompensada con el nacimiento de Isaac.

Una nueva tentación pudo presentarse ante él cuando Dios le pidió: "Toma ahora tu hijo, tu único, Isaac, a quien amas, y vete a tierra de Moriah, y ofrécelo allí en holocausto sobre uno de los montes que yo te diré" 22:2. Si hubiera sido uno de nosotros, le hubiera dicho a Dios: "Pero, ¿estás bien de la cabeza? ¿Me has hecho esperar a este hijo durante muchísimos años, y ahora quieres que lo sacrifique? ¿Cómo puedes pedirme una cosa así?". Nada nos indica que Abraham hubiese sido tentado de contestar de esta forma a Dios. "La mañana siguiente, Abraham se levantó de madrugada, enalbardó su asno y se llevó a dos siervos suyos además de su hijo Isaac; cortó leña para el holocausto, luego emprendió camino hacia el lugar que le había indicado Dios" (v.3 BS). ¡Obediencia inmediata y sin discusión! Y Dios recompensa su fe y le hace nuevas promesas.

Si unas tentaciones similares se nos presentan, Abraham, "el padre de los creyentes", nos indica como resistir.

José

José ha experimentado varias tentaciones antes de la que se nos relata en la casa de Potifar. En la casa paterna, había tenido dos sueños que le predijeron que un día iba a dominar sobre sus hermanos y sus padres (Gn. 37:7,9). Algún tiempo más tarde, fue en busca de sus hermanos. "En cuanto José alcanzó a sus hermanos, estos le despojaron de su túnica espléndida. Le cogieron y le echaron al fondo de una cisterna que estaba vacía: no tenía agua" (v.23-24 BS). Luego se encuentra en una caravana de ismaelitas camino a Egipto para ser vendido como esclavo. "¿Esto es el cumplimiento de mis sueños?", podría haber pensado. Si se le presentó esta duda, no consiguió erosionar su fe, ni tampoco su deseo de servir. En la casa de Potifar, se entrega de todo corazón al servicio de su amo, de modo que "halló gracia en sus ojos... y él le hizo mayordomo de su casa y entregó en su poder todo lo que tenía" 39:4.

"Y era José de hermoso semblante y bella presencia", lo que no pasó desapercibido a los ojos de la mujer de Potifar. Tal vez no encontraba la satisfacción de sus deseos con su marido (que probablemente era eunuco como muchos altos funcionarios en Egipto). Así que "la mujer de su amo puso sus ojos en José y le dijo: ¡Ven, acuéstate conmigo!" ¡Invitación halagadora para un esclavo! Ser el favorito no tan solo del amo sino también de su mujer; servir en connivencia con ella; y si fuera necesario poder incluso explotar el secreto que les tendría atados para conseguir ventajas adicionales. Tanto más que José, al no ser eunuco, tendría también deseos no satisfechos, y esta invitación hubiera sido una solución.

"Pero, se negó José y le dijo: "Mi amo no me pide cuentas para nada en su casa, me confió todos sus bienes. Él mismo no tiene mayor autoridad que la mía aquí, y no me ha prohibido nada excepto tú, porque eres su mujer. ¿Cómo pecaría yo contra Dios cometiendo un acto tan abominable?" (v.8-9).

Esta respuesta explica primero su negativa en un plano puramente humano: la confianza de su amo que no quiere traicionar, y la única interdicción que recibió y que no quiere transgredir. Pero la razón determinante es su fe en Dios y su sumisión a la ley de Dios. Mucho más tarde, Moisés declarará las leyes prohibiendo el adulterio, pero José tenía la ley inscrita en su conciencia –la cual se hallaba registrada en todas las civilizaciones protegiendo el matrimonio. Entendió que ceder a la invitación de esta mujer era un *pecado* contra Dios y no quería romper su comunión con él. Resistió la tentación porque tenía una relación íntima con Dios.

"Día tras día, volvía a la carga; pero José no quería escucharla, negándose a acostarse con ella y a estar con ella. Día tras día, la mujer de Potifar volvía a la carga" Gn. 39:10 BS. Podemos imaginar muy bien la lucha mental en los pensamientos encontrados de José: "¿Por qué no ceder a sus sugerencias? ¡Nadie se enterará! Después de todo, tiene también derecho a ciertos placeres, dado que su marido que es eunuco no se los puede dar. Piensa también en ti, en tus necesidades – ¡que Dios mismo puso en tu cuerpo! ¿Pecar contra Dios? ¿Se preocupó por ti cuando tus hermanos te vendieron? ¿Acaso existe? Esta mujer tiene una enorme influencia. Si le concedes sus deseos, te puede beneficiar y recompensar, hasta quizás hacerte libre. Y después de todo, ella es la que te lo pide – y ¿acaso no es atractiva? ¿Qué puedes perder?"

Dios abandonó a José a las sugerencias de Satanás para ver lo que había en su corazón. Pero José permaneció firme con lo que había contestado desde el primer día a la tentadora: "¿Cómo pecaría yo contra Dios cometiendo un acto tan abominable?"

Hasta el día en el que se encontró sola con él en la casa y que pensó salirse con las suyas empleando la fuerza. José hizo lo único que tenía a su alcance: huir, aun cuando tuvo que dejar "su ropa en sus manos" – lo que le permitirá a esta mujer tener una prueba incriminatoria contra él.

Conocemos la continuación de la historia (39:16-19) y el castigo que le valió a José su fidelidad: la cárcel. Podemos imaginar que después de haber sido metido en la cárcel por haberse negado a las insinuaciones de esta mujer, debió recibir José los constantes embates de Satanás: "Ves: ¿qué has ganado resistiendo? ¿No hubiese sido mejor acceder a sus deseos? ¿Y Dios, te defendió? ¡Te dejó plantado, sencillamente! ¡Ahora, vas a acabar tus días en el calabozo!" ¿Cómo reaccionó José ante estas sugerencias? El v.21 nos da la respuesta: "El Señor estuvo con él y le manifestó su bondad" BS. Si José hubiese albergado resentimientos en su corazón contra Dios, este último no hubiera estado "con él". La continuación del relato nos muestra que hizo la elección correcta en el momento de la tentación – y durante las tentaciones de desánimo que han debido asaltarle a lo largo de los años pasados en prisión.

Efectivamente, pese a haber sido tratado injustamente, no cede a la amargura que hubiera podido invadirle ni a los pensamientos de venganza. ¿Cómo reaccionó ante su nueva situación? Quizás se dijo a sí mismo: "Antes, servía a Potifar en su casa. Ahora, estoy aquí en la cárcel. Quiero hacer aquí y ahora la voluntad de Dios para mí en esta situación y seguir sirviendo a los presos que están conmigo". "Pero, Jehová estaba con

José y le extendió su misericordia, y le dio gracia a los ojos del jefe de la cárcel. Y el jefe de la cárcel entregó en manos de José el cuidado de todos los presos que había en aquella prisión; todo lo que se hacía allí, él lo hacía" (39:21-22). Lentamente, sube de nuevo la pendiente de su destino. "Jehová estaba con José, y lo que él hacía, Jehová lo prosperaba" (v.23). Un día llegan a la cárcel dos prisioneros especiales: dos altos funcionarios de Faraón. Una mañana, "se les acercó y observó que estaban preocupados" (40:6 BS). Este detalle nos muestra que no era un vigilante para el que todos los reclusos son números. Sus desgracias no le hicieron ser insensible a las desgracias ajenas. Les preguntó: "¿Por qué parecen hoy mal vuestros semblantes?". Después de haber dado a los dos funcionarios la explicación de sus sueños, pidió al que iba a ser readmitido en su oficio: "Por favor, acuérdate de mí cuando las cosas te vayan de nuevo bien y ten la bondad de hablar en mi favor al Faraón para que me haga salir de esta cárcel, pues he sido llevado por la fuerza del país de los hebreos, y aquí no hice nada que merezca el calabozo" (v.14-15 BS).

José aguarda y espera – un día, una semana, un mes: nada ocurre: "El jefe de los coperos no pensó más en José: se olvidó de él" (v.23 BS). Nueva tentación para José debida a esta ingratitud. ¿Revelándose contra los hombres y contra Dios, manifestará amargura? "Pasaron dos largos años" (41:1 BS) durante los cuales José tuvo que resistir a la tentación del desánimo y de la rebeldía contra Dios que le dejaba en una situación sin salida. En el caso que volviera a meditar en los sueños que había tenido, debía pensar: "¿Cómo podría cumplirlos Dios?" ¡¡Hacía ya 13 años que cientos de kilómetros le separaban de sus hermanos, de su padre y de su madre; y esas paredes infranqueables!!

Y sin embargo, no pierde su fe en Dios. Como prueba, al encontrarse ante el Faraón dijo: "No soy yo sino Dios quien dará al Faraón la explicación que procede" (41:16 BS), hasta el punto que este último observará que tenía ante él "un hombre... en quien habita el Espíritu de Dios" (41:38 BS).

Llegó el día en el que sus sueños empezaron a cumplirse: "Los hermanos de José vinieron (para comprar trigo) y se postraron ante él, rostro contra tierra. José vio a sus hermanos y los reconoció" (42:6-7 BS). ¿Era el momento para confrontarlos, recordándoles sus sueños, su incredulidad y la manera vil como le habían tratado? No, porque esto les habría simplemente humillado sin producir un fruto espiritual en ellos. Resiste esta tentación y espera la hora de Dios y una señal de su parte.

Después de tres días en la cárcel, la conciencia empieza a manifestarse: "se dijeron el uno al otro: Ciertamente, estamos castigados a causa de lo que hemos hecho a nuestro hermano; pues, vimos su angustia cuando nos suplicaba, y no le hicimos caso. Esta es la razón por la que nosotros nos encontramos ahora en angustia" (42:21 BS). Pero, es preciso que el espíritu de arrepentimiento que empezó su obra en ellos la cumpla perfectamente (cf. Stg. 1:4). Lo que explica todas las pruebas por las que José les hace pasar a continuación, hasta que vea una señal que muestre un cambio de actitud en Judá, quien se ofreció voluntario para permanecer como esclavo en lugar de Benjamín para no causar una pena mortal a su padre (44:33-34). Es en este momento cuando José "se derrumba emocionalmente" y se revela a sus hermanos. Les colma de regalos (45:22) como respuesta al daño que le han causado.

Después de la muerte de Jacob, los hermanos tienen miedo de que ahora José quiera vengarse de ellos e inventan una historia para impedirlo. "Vinieron sus hermanos se postraron delante de él, y dijeron: Henos aquí por siervos tuyos. Y les respondió José: No temáis; ¿acaso estoy yo en lugar de Dios? Vosotros pensasteis mal contra mí, mas Dios lo encaminó a bien, para hacer lo que vemos hoy, para mantener en vida a mucho pueblo. Ahora, pues, no tengáis miedo; yo os sustentaré a vosotros y a vuestros hijos. Así los consoló, y les habló al corazón" (50:18-21).

Sólo Aquel del que era una perfecta prefiguración: Jesucristo, le sobrepasó en esta actitud (Lc. 23:34).

Moisés

Santiago nos dice que "Dios no tienta a nadie" (Stg 1:13); no obstante, le dijo una palabra a Moisés que podría haber sido una tentación para este último. Después de que el pueblo se haya postrado ante el becerro de oro y que se haya entregado a la lujuria como los paganos, Dios dijo a Moisés: "Yo he visto a este pueblo, que por cierto es pueblo de dura cerviz. Ahora, pues, déjame que se encienda mi ira en ellos, y los consuma; y de ti yo haré una nación grande" (Ex. 32:9-10).

Moisés había experimentado en varias ocasiones esta rebelión del pueblo desde su salida de Egipto (Ex. 14:11; 15:22; 16:3; 20:20, 27; 17:2). Deshacerse del pueblo era algo que probablemente no le hubiera desagradado. Por otra parte, ¡vaya propuesta más halagadora para él: convertirse en el antepasado de una gran nación! Y además, ¡es el mismo Dios quien le hace esta proposición! Pero Moisés no se deja tentar. Interviene ante el Señor a favor del pueblo, recordándole que lo hizo salir de Egipto y evocando el descrédito que repercutiría sobre él ante los egipcios si hacía morir al pueblo en el desierto; le recuerda también el juramento que había hecho a Abraham, Isaac y Jacob, prometiéndoles que tendrían una cuantiosísima descendencia a la cual le daría el país de Canaán. "Entonces, Jehová se arrepintió del mal que dijo que había de hacer a su pueblo" (32:14).

¿Era para poner a Moisés a prueba que le hizo Dios esta proposición? No lo sabemos, Moisés tampoco lo sabía. En todo caso, su respuesta prueba que no buscaba ninguna gloria personal; su única preocupación era la gloria de Dios. Si tuviéramos la misma motivación, estaríamos protegidos contra muchas tentaciones.

Una vez más, Dios le hará la misma propuesta (Nm. 14:12) y Moisés reaccionará de la misma manera, se apoyará en el honor de Dios y en sus declaraciones para hacerle desistir de llevar a cabo este proyecto rogándole que perdone a su pueblo (v.13-19).

Varias veces, el desprendimiento de Moisés fue puesto a prueba. Cuando reunió a setenta hombres escogidos entre los responsables y los colocó alrededor de la Tienda para que profetizaran, dos de los hombres convocados que no se habían reunido en torno a Moisés empezaron a hablar inspirados por Dios, estando en el campamento. Le chocó eso a Josué y avisó a Moisés pidiéndole que se lo prohibiera. Era una falta flagrante de desobediencia, un desafío a la autoridad del jefe. ¿Cómo reaccionó Moisés? ¿De la misma forma que reaccionan los responsables cuando tienen la impresión de que su autoridad está pisoteada? No. Moisés le respondió: ¿Tienes tú celos por mí? Ojalá todo el pueblo de Jehová fuese profeta, y que Jehová pusiera su espíritu sobre ellos" (Nm. 11:29).

Poco después, "María y Aarón hablaron contra Moisés (empezaron a criticarle BS) a causa de la mujer cusita que había tomado" (Nm. 12:1). ¡Criticado públicamente por su hermano y su hermana! Observemos que esta acusación es una excusa, la motivación real de la crítica ataca su ministerio: "Y dijeron: ¿Solamente por Moisés ha hablado Jehová? ¿No ha hablado también por nosotros?" (v.2) ¿No sería para Moisés el momento de reaccionar y defender su misión? "Y aquel varón Moisés era muy manso, más que todos los hombres que había sobre la tierra" (v.3). Como no se defiende, Dios es quien le vindicará (v.4-10). Una vez más, Moisés interviene implorando al Señor en favor de Miriam, herida de lepra como castigo por su pecado (v.13). Otros hubiesen dicho tal vez: "Tiene lo que se merece. ¡Después de todo, vemos aquí la intervención de Dios para defenderme!". Si vino a la mente de Moisés semejante pensamiento, al menos sabemos que no cedió a esta tentación. Si tenemos la tentación de reaccionar porque fue herido nuestro amor propio, pensemos en cómo Moisés respondió a estos ataques, lo que nos guardará de ceder a la tentación de defendernos por nosotros mismos.

Ana

Ana, mujer de Elcana no tenía hijos. Penina, la segunda mujer de su esposo tenía hijos y "no paraba de exasperar a Ana haciendo que se irritase contra Dios, por haberla hecho estéril" (1 S. 1:6 BS) el corazón lleno de amargura. Tanto más que "esto se reproducía cada año, cada vez que Ana iba al santuario del Señor, Penina la exasperaba". Pero Ana tan sólo lloraba. Luego, un año, se fue al santuario y, "con amargura de alma oró a Jehová, y lloró abundantemente" (v.10). "E hizo voto, diciendo: Jehová de los ejércitos, si te dignares mirar a la aflicción de tu sierva, y te acordares de mí, y no te olvidares de tu sierva, sino que dieres a tu sierva un hijo varón, yo lo dedicaré a Jehová todos los días de mi vida, y no pasará navaja sobre su cabeza" (v.11). Oró mucho, derramando su corazón delante del Señor (v.15). De esta forma, nos enseña cómo reaccionar ante la tentación de la frustración y de la amargura a causa de lo que nos ocurre. Conservó su confianza en Dios y la seguridad de que podría contestar a su oración. Respondió con sencillez a la acusación injusta de Elí, explicando por qué oraba tanto y se encomendó a su benevolencia (v.18).

Su confianza se vio recompensada dado que Dios le concede el gozo de dar a luz a Samuel, uno de los mayores hombres de Dios del antiguo pacto. En cuanto fue destetado el joven niño, en vez de guardar celosamente para ella este regalo, fruto de tantas lágrimas, su madre cumple su promesa y lo entrega para que pueda efectuar el servicio del santuario. Este mismo día, en vez de lamentarse, entona uno de los más bellos cánticos de alabanza del Antiguo Testamento (1 S. 2:1-10).

David

Todo el mundo conoce el episodio de David y Betsabé en el que el rey no supo resistir a la tentación. Pero, no cedió a la tentación en muchas otras ocasiones. Cuando era perseguido por Saúl, en dos ocasiones tuvo a su adversario a su merced (1S. 24:4; 26:7), y no quiso hacer caso a las sugerencias de sus hombres que querían acabar con su enemigo (24:5, 7-8; 26:8-11). Prefirió confiar en Dios para que él le vindique (26:10).

Cuando David se enteró de la muerte de Saúl, en vez de darle una recompensa al que acababa de anunciarle que le había matado, hizo que fuera castigado; en vez de alegrarse de verse liberado de su enemigo, compuso una canción fúnebre en la que elogió las cualidades de aquel que tan injustamente le perseguía. Posteriormente se mostró magnánimo para con los descendientes de Saúl. Fue ejecutado en vez de recompensado el hombre que le llevó la cabeza de Is-boset, su competidor por el trono que quería matarle. Más adelante, David preguntará: "¿Ha quedado alguno de la casa de Saúl, a quien haga yo misericordia por amor a Jonatán?" (2 S. 9:1). Envió a buscar a Mefiboset para devolverle todas las tierras que habían pertenecido a su abuelo Saúl y para admitirle para siempre en su mesa. No cedió pues al espíritu de venganza que animaba a los reyes de la época que hacían ejecutar a todos los miembros de la familia del monarca que habían suplantado.

Cuando le fue comunicado que el Señor le permitía a él edificar un templo, hubiera podido estar tentado de no interesarse más por aquel proyecto. Al contrario, hizo preparativos para que su hijo Salomón pudiera ejecutar en las mejores condiciones lo que le fue denegado (1 Cr. 22:1-5, 14-16).

Job

Job fue tentado en varias ocasiones de perder su confianza en Dios. La primera vez cuando, por incitación de Satanás, varias desgracias cayeron sobre él: sus bueyes y sus asnas le fueron robadas por los sabeos, sus siervos fueron masacrados, sus ovejas y sus pastores fueron fulminados por unos rayos, tres pandillas de caldeos asaltaron a sus camelleros, los mataron y robaron sus camellos, un viento violento hizo que se derrumbara la casa donde estaban reunidos sus hijos que perecieron en la catástrofe.

¿Cómo reaccionaría Job ante todas estas pérdidas? "Entonces Job se levantó, y rasgó su manto, y rasuró su cabeza, y se postró en tierra y adoró, y dijo: Desnudo salí del vientre de mi madre, y desnudo volveré allá. Jehová dio, y Jehová quitó; sea el nombre de Jehová bendito" (Job 1:20-21): una declaración que reconoce los derechos soberanos de Dios, el dador de toda buena dádiva, que puede retirárnosla cuando lo estime oportuno. A lo largo de los siglos, esta declaración ha llegado a ser la reacción de los hijos de Dios frente a las diferentes pérdidas que padecieron; con ella, glorificaron a Dios y ganaron la victoria sobre la tentación.

En una segunda ocasión, Job es atacado en su cuerpo por una dolorosa enfermedad de la piel que le obliga a rascarse continuamente. A esta prueba se le añade una sugerencia de su mujer: "¿Aún retienes tu integridad? Maldice a Dios, y muérete": tentación aun más peligrosa ya que procede del ser más cercano, que había sido dado al hombre como "una ayuda idónea" (Gn. 2:18). Otra vez, Job reacciona exactamente como Dios deseaba: "Y él le dijo: Como suele hablar cualquiera de las mujeres fatuas, has hablado. ¿Qué? ¿Recibiremos de Dios el bien, y el mal no lo recibiremos?" (2:9-10).

Acuden luego, tres amigos que oyeron hablar de las desgracias que le golpearon "para condolerse de él y para consolarle".

Durante siete días y siete noches, permanecieron en silencio a su lado, lo que representó un verdadero consuelo para Job, al no sentirse solo en la prueba. ¿Por qué se pusieron a hablar? Pues de hecho, sus discursos llegaron a ser una tercera tentación para Job: quisieron persuadirle de que padecía las consecuencias de sus pecados. Que se arrepienta y todo irá bien para él. Y sin embargo, Job no tiene conciencia de haber cometido ninguna falta que mereciera estos padecimientos. En este caso, para él, la tentación consistía en aceptar la sugerencia de sus amigos, contra el testimonio de su conciencia. Durante las tres series de discursos, se defiende contra sus amigos, quiere ser verdadero hasta el fin, y apela al testimonio de Dios. Finalmente, sale vencedor de todas estas tentaciones y aprobado por Dios (41:8,10) que da fe de su rectitud (Ez. 14:14).

"He aquí tenemos por bienaventurados a los que sufren. Habéis oído de la paciencia de Job, y habéis visto el fin del Señor, que el Señor es muy misericordioso y compasivo" (Stg. 5:11).

Ester

Ester había conocido un ascenso fulminante: hija de un pueblo menospreciado, se vio promovida al rango de reina del más poderoso emperador de la época. Había conseguido ocultarle su nacionalidad, incluso cuando Hamán, el enemigo de los judíos, amenazaba con exterminarlos. Así que todo iba bien para ella. Pero, su tío Mardoqueo le pide que vaya a presentarse ante el rey para contrarrestar los proyectos del ministro predilecto. Al no haber sido llamada por el emperador en los últimos treinta días, tenía todas las razones para creer que ya no gozaba de su particular favor. Además, conocía la "ley, que es la misma para todos, en virtud de la cual todo hombre o toda mujer que penetrara en el patio interior del palacio para dirigirse hacia el emperador sin haber sido convocado por él, sería condenado a muerte, a no ser que el emperador le tienda su cetro de oro" (Est. 4:11 BS). Entonces, ¿por qué correr semejante riesgo?

La tentación para ella, no consistía en hacer algo prohibido, sino en mantenerse callada: no hacer nada, aprovecharse de su anonimato para escapar del peligro. Pero, no hacer nada equivalía a permitir el exterminio de todos sus correligionarios. Entonces, Ester decide hacer lo que Mardoqueo le pedía. Es plenamente consciente del peligro, no lo hará sin una profunda preocupación. Pide a todos los judíos que ayunen durante tres días y tres noches; pedirá otro tanto a sus siervas, lo que significa que espera que Aquel que nunca es nombrado en este libro, le otorgue éxito, y luego se lanza a la aventura de alto riesgo calculando sabiamente su estrategia.

Tal vez, también para nosotros la tentación del silencio y de la pasividad es tan frecuente como la de la desobediencia consciente a una orden de Dios. El ejemplo de Ester puede ayudarnos a no ceder ante ella.

Bernabé

La generosidad es el primer rasgo que nos presenta la Biblia sobre Bernabé: "como tenía una heredad, la vendió y trajo el precio y lo puso a los pies de los apóstoles" (Hch. 3:37). Cuando Saulo, antiguo enemigo de los cristianos, vino a Jerusalén, todos le tenían miedo y temían una engañifa de su parte. Bernabé resistió a la tentación de la desconfianza. "Entonces Bernabé, tomándole, lo trajo a los apóstoles, y les contó cómo Saulo había visto en el camino al Señor, el cual le había hablado, y cómo en Damasco había hablado valerosamente en el nombre de Jesús" (Hch. 9:27). Bernabé es un hombre que sabe tomar riesgos e interceder en favor de un hermano rechazado por los demás.

En otra ocasión, toda la iglesia es víctima de la desconfianza de los creyentes de Jerusalén: ¡en Antioquía han aceptado a unos paganos en la iglesia sin hacerles pasar por los ritos de entrada en el judaísmo! Escogen a Bernabé para investigar el asunto. Para él, la tentación consistía en conformarse a las opiniones dominantes, pero no se dejará influenciar por los que dicen no de entrada ante toda idea nueva. "Este cuando llegó, y vio la gracia de Dios, se regocijó, y exhortó a todos a que con propósito de corazón permaneciesen fieles al Señor. Porque era varón bueno, y lleno del Espíritu Santo y de fe" (Hch. 11:23-24).

Este "éxito" se le hubiera podido subir a la cabeza: ¿no era él "el hombre de la situación" quien, por su sabiduría, había salvado a esta iglesia del ostracismo de los judaizantes de la capital y había permitido que "una gran multitud" fuera "agregada al Señor"? Otros se habrían aprovechado de la situación para asegurarse el monopolio de la autoridad y de la dirección en esta iglesia. ¡Bernabé no! Es consciente de sus límites y, sintiéndose superado por los acontecimientos, en vez de ceder al complejo de Diótrefes (3 Jn. 9), "Después fue Bernabé a Tarso para buscar a Saulo; y hallándole, le trajo a Antioquía" (v.25).

Durante un año, ejerce su ministerio en la iglesia en perfecta colegialidad. Es enviado con Saulo a Jerusalén para llevar una ofrenda destinada a socorrer a los creyentes pobres: "*Bernabé y Saulo*" van allí y vuelven (11:30; 12:25). ¿El hecho de que en la lista de Hechos 13:1 Bernabé estuviera mencionado en el primer lugar significaría que su preeminencia estuviese reconocida en la Iglesia, mientras que Pablo se halla en la cola? El Espíritu Santo les envía a ambos a una misión. Van primero a Chipre, el lugar de origen de Bernabé. El informe de Lucas siempre menciona "*Bernabé y Saulo*" (13:2, 4,7). Luego, en el versículo 43, vemos súbitamente: "*Saulo y Bernabé*". ¿Por qué? ¿Habría reconocido Bernabé la preeminencia del apóstol de los gentiles después de su predicación en la sinagoga de Antioquía de Pisidia? A partir de este momento, Lucas mencionará a ambos casi siempre en este orden (13:46,50; 14:1,3;

15:2, 22,35 excepto 14:1; 15:12,25). Después de haber ocupado el primer puesto, no es fácil encontrarse, súbitamente, en el segundo puesto. Bernabé según toda probabilidad ha sabido asimilarlo – y nos da una magnífica lección sobre cómo resistir a la tentación del "abuso de autoridad".

CAPÍTULO 6

Las tentaciones de Jesús

Los tres evangelios hablan del desierto al que Jesús fue llevado por el diablo (Mt.) o por el Espíritu (Mc. 1:12) para ser tentado por el diablo. El desierto era un lugar deshabitado, particularmente propicio para el recogimiento y la meditación. Según los documentos de la época (Qumran, Josefo), el desierto tenía además, connotaciones mesiánicas.

¿Por qué tenía Jesús que ser tentado por el diablo?

Podemos dar varias respuestas a esta pregunta:

1º Tenía que entrar libremente en el plan de Dios

Todo ser libre debe pasar por una crisis en la cual escoge el uso que quiere hacer de sus facultades: si desea usarlas para que sirvan a su propia realización personal o si quiere emplearlas al servicio de un ideal – o de la gloria de Dios. Los ángeles, Satanás, Adán y Eva fueron colocados ante la alternativa: obedecer a la orden de Dios o buscar "su propia realización personal" (ser "como dioses", poder determinar por ellos mismos "lo que era bueno y lo que era malo").

Jesús, hombre libre, no podía escapar a esta prueba. Para obedecer a la voluntad del Padre, había aceptado hacerse hombre. Sólo podía serlo al aceptar plenamente todos los privilegios y todos los riesgos de la condición humana – que radican en la libertad de elección concedida al hombre. Ser libre significa poder escoger estar a favor o en contra, con o sin Dios.

Jesús acababa de ser investido oficialmente en una posición excepcional. Dios mismo le había dicho: "Eres mi Hijo amado, en ti he depositado todo mi afecto" (BS). ¿Qué iba a hacer con esta condición tan especial? ¿La usaría para sí mismo o para su Padre? Jesús aprovechó este tiempo que tenía en el desierto para reflexionar sobre todo lo que implicaba el evento que tuvo lugar en su bautismo: quién era, qué tenía que hacer.

El plan de Dios era que cumpliera la misión por la que había sido enviado a la tierra, que empleara las fuerzas sobrenaturales que eran suyas y su eminente posición para realizar el proyecto divino de la redención de la humanidad. Pero, tiene que escoger esta opción libremente. Y para que pueda ejercerse esta libertad, es preciso que exista la posibilidad de elegir entre al menos dos opciones. La primera: una humilde sumisión a la voluntad del Padre, la segunda, se la presentará el diablo: llegar a ser el que abastecerá de pan gratuitamente a las muchedumbres, convirtiendo todas las piedras de Palestina en pan, suscitando su admiración y su adhesión sin reservas mediante unos milagros que demostrarán su condición divina, llegar a ser el amo de todos los reinos del mundo. Por una sola de estas tres opciones, muchos se han dejado seducir. ¿Podrá Jesús resistir a estas ofertas tan tentadoras que, aparentemente, le habrían facilitado considerablemente su tarea? ¡Con qué superioridad se habría desarrollado

LAS TENTACIONES DE JESÚS

su enseñanza tan claramente acreditada de parte de un ser excepcional, revestido de una autoridad mundial!

Las tres tentaciones no eran independientes, sino que "eran tres maneras de explorar lo que sería la misión de Jesús y en qué relación se posicionaría el Hijo de Dios ante su Padre. Lo primordial era esta cuestión de relación. ¿Debía tomar él mismo las cosas en sus manos para satisfacer su hambre mediante un poder milagroso, del que no dudaba, o aceptaría en confianza este tiempo de privación como correspondiendo a la voluntad de su Padre, para su provecho espiritual? ¿Debía forzar la mano de su Padre creando artificialmente una crisis que exigiría de su parte una salvación milagrosa, o aceptaría simplemente que la ayuda de su Padre fuera real y disponible, sin sentirse en la necesidad de tentarle? ¿Escogería el camino fácil del cumplimiento de la meta mesiánica que su Padre había puesto ante él, si al tomarlo, comprometiera su lealtad? La tentación no consistía en hacerle dudar de su condición o de su destino, sino en el uso de estas cosas sin criterio. Para Jesús, una relación de obediencia, de confianza y de absoluta lealtad con su Padre era lo primordial y marcaba la derrota de estas seducciones de atajos y seguridades blindadas. Probó que era realmente el Hijo de Dios" (R.T. France *Jesus The Radical* p.52).

"Sin lugar a dudas, la intención de Satanás era conducir a Jesús para que hiciera el mal, pero la iniciativa partía de Dios y el objeto de todo el relato era poner a prueba la reacción de Jesús ante su vocación mesiánica de Hijo de Dios... se trataba de probar la solidez de la relación con Dios, revelada recientemente. Por lo que podemos dar como título al relato: "La puesta a prueba" (del Hijo de Dios).

2º Tener éxito donde Israel fracasó

Los versículos de Dt. 6 a 8 que cita Jesús nos permiten comprender el sentido que él mismo había entendido en cuanto a la naturaleza de esta puesta a prueba: recuerda las explicaciones que

Dios dio a su pueblo al final de su caminar a través del desierto: "Jesús cita un pasaje (Dt. 8:3), en el que Dios explica a su pueblo que había permitido el sufrimiento y el hambre durante estos cuarenta años en el desierto para que aprenda que el hombre no vive sólo de pan, sino de todo lo que sale de su boca. Jesús tiene éxito donde Israel había fracasado estrepitosamente. Consideraba que la voluntad de su Padre era más importante que la satisfacción de sus apetitos" (H. Bryant *L'évangile de Matthieu* p. 58).

Israel no aprendió la lección; antes de empezar su misión, el verdadero Hijo de Dios se enfrentó a las mismas pruebas en el desierto y las superó. Jesús tuvo éxito donde Israel fracasó.

3º Tener éxito donde Adán y Eva fracasaron

Jesús tenía que demostrar que como hombre, en las mismas condiciones que Adán y Eva, era posible resistir a las sugerencias de Satanás. "Si en estas condiciones extremadamente difíciles y peligrosas el Salvador ganó la batalla como hombre, era la prueba que la caída del hombre en el pecado 'no era debida a algún defecto o deficiencia en la naturaleza humana tal como Dios la había creado, sino al hombre mismo que hizo mal uso de esta naturaleza. Mediante las tentaciones del Señor y su firme rechazo a todas y cada una, aún las más difíciles, se pusieron en evidencia los derechos de Dios, la falta del hombre, la culpabilidad del pecado y el carácter criminal de Satanás'" (Greydanus, *Commentary on the Gospel of Luke* p. 159).

Estas diversas razones nos explican el motivo por el que fue el "Espíritu Santo" quien "condujo a Jesús en el desierto para que sea tentado por el diablo" (v.1).

Desde la perspectiva del Tentador

Es posible intentar ver la tentación desde la perspectiva del Tentador. En el prólogo de Job, constatamos que es él quien incitó a Dios para que ponga al patriarca a prueba.

¿Qué interés tenía Satanás en esta tentación a la que Dios le permitía someter a prueba a su Hijo? El diablo, nos dice A. Durand, quería "comprobar si Jesús tenía verdaderamente consciencia de ser el Hijo de Dios, si estaba decidido a emprender la obra del Mesías para la salvación del mundo... Es necesario provocarle para darle la ocasión de manifestarse. Si se halla realmente en presencia del Mesías, el tentador hará todo lo que pueda para alejarle de su misión; o al menos para desviarle de ella. Si, pese a todo, Jesús sigue empeñado en emprender la obra mesiánica, ¿por qué no intentar llegar a un acuerdo con tal que Jesús acepte someterse a sus condiciones?" (A. Durand *Évangile selon saint Matthieu* Paris 1927 p. 39).

Resultados positivos de la puesta a prueba

Una puesta a prueba puede también tener resultados positivos; especialmente para el que la atraviesa. "Dios permite las pruebas, sabiendo que con ellas se desarrolla el carácter moral de un hombre" (H. Bryant *L'évangile de Matthieu* p. 57).

Para nosotros

Una tentación superada tiene también efectos positivos para otros: no fue sólo para él que Jesús fue tentado. El autor de la epístola a los Hebreos nos lo dice: dado que los hombres que quiso adoptar como hijos suyos son seres de carne y sangre, "él también, igualmente, compartió su condición. Lo hizo para destruir (reducir a la impotencia), por medio de la muerte al que detenía el poder de la muerte, esto es, al diablo, y para librar a todos los que por el temor de la muerte estaban durante toda la vida sujetos a esclavitud" (2:14-15), "en cuanto él mimo fue probado (o: tentado) en lo que padeció, puede socorrer a los que son probados" (v.18). "Porque no tenemos un sumo sacerdote que no pueda compadecerse de nuestras debilidades, sino uno que fue tentado en todo según nuestra semejanza, pero sin pecado" (4:15). "El ejemplo de Cristo debería enseñarnos cómo triunfar sobre el Tentador" (A. Durand *Ibíd.* p. 38). "Podemos estar seguros de que el relato fue también contado a causa de su carácter ejemplar para animar a los creyentes expuestos a la tentación y para indicarles como reconocerla y triunfar sobre ella" (I.H. Marshall *The Gospel of Luke* p. 166).

Inventario de las artimañas del Enemigo

Además, estas tres tentaciones permitieron a Jesús hacer el inventario del arsenal de guerra del Enemigo y darse cuenta de todas las posibles desviaciones de su obra. Desde el principio de la humanidad, Satanás emplea las mismas artimañas. Para tentar a los primeros hombres, les atrajo con tres cosas como señuelo. El árbol prohibido era 1. "bueno para comer", 2. "agradable a la vista" y 3. "precioso para abrir la inteligencia" (Gn. 3:6). En la tentación de Jesús, volvemos a encontrar estos tres mismos elementos: el pan para satisfacer las necesidades del cuerpo, el milagro que impacta la vista y el poder que halaga el orgullo. El apóstol Juan, al hacer el repaso de "lo que forma parte del mundo" (1 Jn. 2:16), cita estos tres mismos componentes: "los malos deseos de la naturaleza humana" (la "codicia de la carne": la satisfacción de sus necesidades en contra de la voluntad de Dios – primera tentación); "la sed de poseer lo que atrae las miradas" (el milagro que impacta la vista – segunda tentación); "y el orgullo que suscitan los bienes materiales" (y el poder – tercera tentación).

Las tres tentaciones en el desierto "contienen todas las tentaciones ulteriores y, por otra parte, atañen de manera evidente nuestra época" (J. Ellul *Si tu es le Fils de Dieu* p.79).

En *Los hermanos Karamazov*, Dostoievski pone en escena a un Gran Inquisidor que dice a Jesús (a quien puso en la cárcel) que sus respuestas a Satanás prueban que no ha entendido la naturaleza humana. Los hombres buscan primero el pan físico, luego lo que atrae las miradas (milagros, hermosas ceremonias) y la autoridad, el poder. Pero Jesús no quiso ser un Mesías "según el corazón del hombre", sino "según el corazón de Dios". Por lo que tomó el riesgo de ir a contra corriente de lo que el hombre busca naturalmente.

Estamos expuestos constantemente a las mismas tentaciones. "En todos los casos, comprobamos tres grandes peligros que asechan al discípulo de Jesús:

1. actuar independientemente de Dios, por falta de confianza;

2. actuar de modo insensato y fanático, por una confianza equivocada;

3. comprometer nuestra relación con Dios atraídos por el cebo de unas ganancias fáciles" (H. Bryant *Ibíd*. p. 61).

Además, con su respuesta a las tres pruebas, Jesús cogió a contrapié las esperanzas mesiánicas de su tiempo. En el contexto de la ocupación romana de Palestina, "se veía al Mesías como un guerrero que conduciría el ejército de Israel a la victoria. Gracias a esta acción triunfal vendría la prosperidad económica y la restauración de la vida religiosa. Las tentaciones a las que Jesús tuvo que enfrentarse después de su bautismo deben contemplarse teniendo como telón de fondo estas esperanzas y estas expectativas.

Veía y sentía la necesidad económica desesperada de su pueblo. Fue un testigo de su sed de una fe renovada en Dios. Sentía en sí mismo un hambre de libertad. Ante estas necesidades, fue tentado por la posibilidad de una estrategia mesiánica que, si la hubiese escogido, le habría llevado a unir su nombre al de los jefes rebeldes de las generaciones precedentes. Pero no tomó este camino. El objetivo principal del relato de la tentación es mostrarnos que rechazó la idea de convertirse en un Mesías que traiga el pan (maná) 'económico' (4:3). Rechazó el papel de hacedor de milagros que trae un avivamiento para la fe (4:5-6). Y rechazó la oferta del poder y de la gloria política (4:8-9)" (J.W. Miller *La voie chrétienne* p. 19).

"Las tres pruebas son variantes de una gran tentación: librar su vocación mesiánica de la dirección de su Padre y convertirla en simple vocación política" (S. L. Johnson *Bibliotheca Sacra* 123/492 p. 345).

La primera tentación se dirige al *cuerpo*, la segunda al *alma*, la tercera al *espíritu*. La primera pregunta del Tentador recuerda las palabras que resonaron desde el cielo cuando el bautismo de Jesús. ¿Cómo el Hijo de Dios, el Mesías que introducirá el banquete mesiánico, podía ser un Hijo hambriento?

S. L. Johnson Jr. llama a la segunda tentación: "la tentación nacionalista". El diablo pide al Señor que demuestre que es el Mesías mediante una señal espectacular, algo que deleitaba a los judíos (cf. 1 Co. 1:22). Además, Satanás aprendió de la primera tentación lo importante que eran las Sagradas Escrituras para Jesús. Así que esta vez, en su petición, se apoyará sobre una cita bíblica. Ahora bien, al hacerlo, comete dos fallos:

1º Quiere provocar a Jesús para que cometa un acto presuntuoso, forzándole la mano a Dios. Las promesas de las Escrituras son siempre válidas, pero sólo en el tiempo de Dios. Poner a Dios a prueba cuando nos conviene es una equivocación.

2º Comete el error de enfrentar las Escrituras contra las Escrituras sacando una cita de su contexto.

La tercera tentación ("la tentación universal") se refiere a la promesa hecha a Abraham de bendecir todas las naciones de la tierra por su descendencia. En última instancia, esta promesa tenía que cumplirla el Mesías. Satanás ofrece a Jesús la posibilidad de llevarla a cabo sin la cruz.

"Sólo podemos conocer la verdadera naturaleza de las tentaciones por las respuestas que Cristo da al Tentador. Porque en las palabras de este último siempre hay un claroscuro, astucia y mentira; la plena luz y la verdad sobre sus verdaderas intenciones sólo se podrán encontrar en la respuesta; sólo ella nos revela de qué se trata" (Th. Haecker *Die Versuchungen Christi* p. 22).

En cada respuesta, Jesús coloca a Dios en el centro, mostrando que el Mesías no es un ser independiente, sino el siervo de Dios.

Un drama de dimensiones cósmicas se estaba llevando a cabo en el desierto, un drama que era la reedición, en cierto modo, de la prueba a la que fueron sometidos Adán y Eva. Las consecuencias de este enfrentamiento entre Jesús y el Ángel caído eran inmensas. Si Jesús hubiese sucumbido a la prueba, hubiera padecido la suerte de todo hombre, es decir que después de una carrera absolutamente única en toda la historia humana, hubiera muerto como cada uno de nosotros por su propio pecado, y toda esperanza de redención para la humanidad habría tenido que ser abandonada, Dios ya no tendría Hijo, sólo le quedaría retirarse en la soledad puesto que todos los que tuvieron que elegir habían decidido en contra de él; el mundo hubiera llegado a ser el campo incuestionable de Satanás.

Pero si era vencedor, el reino de Satanás tendría fecha de caducidad, aún cuando se prolongara todavía en apariencia, este último sería un príncipe derrotado, condenado a más o menos corto plazo. Otro tomaría la realeza mundo en sus manos, y nacería una nueva humanidad que no sería tributaria del Príncipe de este mundo, ni del poder de las tinieblas.

"Es necesario entender de entrada que las tres tentaciones, aún cuando son diferentes, apuntan a una misma y única meta: la separación de Dios y el rechazo de su orden y de su soberanía, la rebelión contra el reino de Dios" (Th. Haecker *Die Versuchungen Christi* p. 23).

¿Hubiera podido Jesús ceder a la tentación?

Sobre este particular hay división de opiniones. H. Bryant, contando con la santidad del Hijo de Dios, piensa que le era imposible ceder: "Jesús es Hijo de Dios y Hijo del hombre – verdadero Dios y verdadero hombre. Como Dios, ¿cómo pudo ser tentado? Como hombre, ¿habría podido ceder? En Santiago 1:13, leemos que 'Dios no puede ser tentado por el mal, y él mismo no tienta a nadie'. Este pasaje nos indica que Jesús, por su carácter santo y divino, no hubiera podido caer en tentación. Sus ojos eran demasiado puros para mirar la iniquidad" (*L'évangile de Matthieu* p. 61).

Otros son menos categóricos en este punto. La epístola a los Hebreos dice que Jesús ha sido tentado "como nosotros" (Heb. 4:15). Si no hubiera podido ceder a la tentación, no hubiera sido tentado "como nosotros" – porque desgraciadamente, sabemos que podemos ceder. Por supuesto, tenía una ventaja sobre nosotros: había nacido sin la desventaja de sentir una atracción por el pecado que heredamos de nuestros primeros padres. Se halló, de algún modo, en la misma situación que ellos; pero ellos cedieron claramente.

"Mostrar a Jesús sufriendo, sería decir que era como nosotros. Ser como él implica que aceptemos el sufrimiento como viene, pero en ningún modo que queramos sufrir (J. Ellul *Si tu es le Fils de Dieu* p. 14).

"La tentación de Jesús no hubiera sido real si no hubiese contenido la posibilidad de un fracaso. Los israelitas escogidos por Dios para entrar en la Tierra prometida fracasaron en su prueba en el desierto. El Hijo de Dios hubiera también podido fracasar" (Bob Mumford *The Purpose of Temptation* p. 106).

"Si decimos que *porque* era Dios, *no podía* ser *verdaderamente tentado...* esta pseudo-tentación no es más que una comedia, dado que siendo Dios, ¡*no podía* sucumbir a esta tentación!" (J. Ellul *Si tu es le Fils de Dieu* p. 21). "Porque es plenamente hombre, tiene en sí mismo todo lo que podría llegar a ser fuente de pecado, hay en él las raíces de la tentación, pero él nunca cederá" (Íd. p. 67). "Si bien era Dios, fue plenamente tentado, como cualquier otro hombre (pero, ¡con qué riesgo adicional!)... Si gana Jesús, es sólo por la gracia de Dios, y bajo su entera responsabilidad. Pero Jesús podía perder. Podía relajarse" (Íd. p. 71).

Al querer mantener la gloria del Hijo de Dios en su santidad, corremos el riesgo de minimizar su victoria. "Una victoria sin peligro, es un triunfo sin gloria" decía Corneille en *El Cid*. Si Jesús no hubiera podido ceder a la tentación, no hubiese tenido más mérito al triunfar sobre Satanás que un campeón de boxeo al noquear un niño de diez años. René Monot dice: "Imaginar que Cristo jugaba un papel como un actor que nunca toma riesgos, es haber creído en la encarnación y la humanidad de Cristo de una manera equivocada". Esta herejía, por otra parte, ha acechado la Iglesia desde sus inicios (2 Jn. 7)" (*Semailles et moisson* 1983).

¡No! El desafío era real: allí en este desierto perdido se jugó el destino del mundo, mucho más que en las Termópilas, en Waterlo o en Estalingrado. En este combate de gigantes, Jesús se mostró el más fuerte. Más adelante explicaría el desafío que suponía su tentación mediante una parábola: "Cuando el hombre fuerte armado guarda su palacio, en paz está lo que posee. Pero cuando viene otro más fuerte que él y le vence, le quita todas sus armas, y reparte el botín" (Lc. 11:21-22).

Parece que Dios haya asistido como testigo invisible, sin intervenir, cuando tuvo lugar este encuentro decisivo de consecuencias cósmicas – como en el tiempo de Adán y Eva o de Job, dejando actuar al diablo para que ponga a prueba el ejercicio de la obediencia y de la paciencia de los que Dios ha escogido.

¿Por qué se presentan las tentaciones de Jesús en un orden diferente en los evangelios de Mateo y de Lucas?

Probablemente, cada evangelista colocó en último lugar la tentación que le parecía constituir el punto culminante de la prueba. Ahora bien, eso dependía del acento dominante en cada evangelio.[14]

Determinar el orden cronológico real de las tentaciones nos parece imposible, pero dicho esto, muchos teólogos observan que en Mateo, palabras como luego (*tote*), nuevamente (*palin*), ausentes en Lucas, parecen indicar una secuencia cronológica. A. Durand declara que "hay un consenso para decir que el orden del primer evangelio está más en consonancia con una gradación ascendente" (*Evangile selon saint Matthieu* p. 40). Para M.J. Lagrange, el orden de Mateo "parece más antiguo... es después de haber intentado en dos ocasiones la fórmula 'Si eres el Hijo de Dios' cuando el diablo decide echar toda la carne en el asador, proponiendo a Jesús de adorarle" (*L'évangile de saint Luc* p. 130). Es el orden que adoptamos para el examen detallado de las tres tentaciones que sigue.

---

14 Ver las razones en *l'Encyclopédie des difficultés bibliques* (Enciclopedia de las Dificultades Bíblicas) *NT I* p. 42-43

La primera tentación:

Transformar piedras en panes (Mt. 4:3-4)

¿Cuál era el sentido de esta primera tentación?

Jesús había acabado su ayuno de cuarenta días y cuarenta noches. Podía entonces comer. Comer cuando uno tiene hambre es perfectamente legítimo. Jesús nunca practicó ni predicó el ascetismo como meta en sí.

Satanás propone a Jesús comprobar su poder y su condición de Hijo de Dios.

El problema provenía del hecho de que en el desierto, no hay nada que comer. Es cuando Satanás se acerca a Jesús para susurrarle: "Si eres el Hijo de Dios" – lo que nos recuerda las palabras que había dirigido a Eva en el paraíso: "Dios de verdad ha dicho...".

A orillas del Jordán, el Padre le había dicho a Jesús: "Tu eres mi Hijo amado". Satanás quería que lo comprobara: "Si eres el Hijo de Dios...". "Tal vez esta voz que creíste oír era sólo una ilusión auditiva. Si pudieras ver concretamente el alcance de tu poder, te daría esto seguridad. Y al mismo tiempo, podrías satisfacer una necesidad de las más legítimas".

¿Es realmente el Hijo de Dios? Para saberlo, basta con ordenar a estas piedras que se conviertan en pan para ver de verdad un poder sobrenatural en acción. Lo malo para Jesús hubiera sido no tener fe en la palabra de Dios oída en el Jordán y buscar pruebas tangibles: andar por vista y no por fe.

La meta de esta tentación era conducir a Jesús para que "sólo dependa de sí mismo, y que viva sólo de pan y no sólo del Espíritu de Dios, de la Palabra de Dios, de su bendición y de su amor. Es la tentación del materialismo en el sentido más amplio, de la seguridad que ofrece y de su aspecto visible opuesto a la inseguridad, deseada por Dios, de la materia sola, de la inmanencia opuesta a la comunión por la fe en el Dios invisible y trascendente. Los hombres siempre piensan en poder tener éxito sin Dios, creyendo que el pan del que viven es seguro, permanente y siempre disponible, sobre la base de las leyes generales, sin oración, sin necesidad de la bendición siempre nueva de un Dios personal" (Th. Haecker *Die Versuschungen Christi* p. 23-24).

"Satanás actúa como si la filiación divina estuviera en tela de juicio por su hambre y como si Jesús necesitara confirmarla de nuevo con un acto de poder" (H. Gollwitzer *La joie de Dieu* p. 48). Le lleva a dudar de su misión y a desafiar a Dios. De hecho, deseaba llevarle a actuar por su cuenta, con su propia autoridad, en lugar de permanecer en la dependencia obediente de su Padre.

"Si hubiese cedido en aquel día a esta sugerencia, hubiera tenido que volverlo a hacer en otras ocasiones. Si lo hubiera hecho para sí mismo, hubiese tenido que hacerlo para otros, para el mundo entero. ¿Dónde le hubiera llevado todo esto a la larga? A sustituir el ideal divino de una vida santificada hasta en sus sufrimientos y sus privaciones, por el ideal humano de una vida de abundancia y de placer. En cuanto a él, hubiera sido romper arbitrariamente las condiciones de su vida terrestre, tales como las había aceptado, retractarse de su humillación, de su encarnación, y en cuanto al mundo, se hubiese consagrado de esta manera Jesús a la instauración de un estado de cosas en el que hubiera tenido que eliminar, a golpe de grandes prodigios, todas las miserias de la tierra, y aquello sin que esta restauración exterior fuese el resultado de la abolición del pecado. Hubiera significado invertir el programa de su misión. Porque venía, no para suprimir el sufrimiento, sino para dar al hombre la fuerza para entregarse totalmente a Dios en el sufrimiento" (F. Godet *Luc* I p. 288-289).

La palabra que opone a Satanás en ocasión de esta primera tentación es una prueba de que, si bien es Hijo de Dios, Jesús está determinado a mantener intactas las condiciones de su existencia humana. En esta tentación está en cuestión toda la naturaleza del reino de Dios.

No sólo de pan vivirá el hombre

"Vientre hambriento no tiene oídos" – salvo si le hablan de pan. ¿Cómo conseguir pan? "Pero, si lo que Dios te ha dicho en tu bautismo es cierto, eres capaz de procurarte pan inmediatamente. 'Dios dijo, y fue así'. Dios ha creado. Si eres el Hijo de Dios puedes crear también, transformar estas piedras en pan, y podrás comer hasta saciarte". Tal debía ser la sugerencia que Jesús oyó, no sólo en una ocasión sino probablemente de manera reiterada a medida que su estómago sentía las punzadas del hambre.

Si hubiese dicho que sí a esta sugerencia de Satanás, ¿qué hubiera pasado? Hubiera empleado en provecho personal el poder sobrenatural que le había sido dado; en lugar de esperar la ayuda de Dios para salir de una situación difícil, hubiera actuado según el principio: "ayúdate, y el cielo te ayudará" – un principio que, probablemente, luego habría inculcado a sus discípulos. En vez de proclamar: "Busca primero el reino de Dios y todas estas cosas os serán dadas por añadidura" (Mt. 6:33), habría tenido que predicar la jerarquía de las necesidades tal como la definió Maslow en su famosa "pirámide": primero satisfacer las necesidades humanas elementales, materiales, de supervivencia, luego las necesidades psicológicas, sociales... y en última instancia, arriba de la pirámide: las necesidades altruistas, la realización de un proyecto desinteresado.

El Hijo de Dios no debe padecer hambre, sugiere el diablo... porque tiene el poder de satisfacer las necesidades físicas mediante milagros. Los milagros que seguirían lo confirman (ver Mt. 14:15-21; 15:32-38). El milagro aconsejado no era pues malo en sí" (R.T. France *L'évangile de Matthieu* p. 84). Jesús "no niega, por cierto, que frente al hambre, el hombre necesita pan, sino que afirma que este alimento no es suficiente (si bien indispensable) y que, para satisfacer la totalidad del hambre del hombre, es necesaria la Palabra de Dios..." Este primer ejemplo pone de manifiesto dos cosas: la relación entre el sufrimiento y la tentación y el carácter verdaderamente humano de Jesús, tanto en los pequeños como en los grandes sufrimientos, porque quiso compartir la totalidad del ser humano" (J. Ellul *Si tu es le Fils de Dieu* p. 30).

"Satisfacer una necesidad (y aquí se trata de una necesidad evidente: el hambre, la más evidente), pero es la totalidad de nuestra civilización moderna, productivista y consumidora, lo que está en tela de juicio... es la tentación económica" (p. 72).

La trampa

¿En qué consistía entonces la trampa? ¿Qué arriesgaba Jesús siguiendo la sugerencia de Satanás? Salir de la relación de confiada dependencia que tenía con su Padre, actuar de forma autónoma para salir de una situación difícil. Jesús es consciente de que su Padre le sometió a la disciplina del ayuno precisamente por la misma razón que fue llevado Israel a ayunar en el desierto. Era para aprender que "no sólo de pan vivirá el hombre, sino de toda palabra que salen de la boca de Dios" (Dt. 8:3). Jesús identificó en esta prueba del hambre una experiencia impuesta por Dios para enseñarle la lección de aquel pasaje. En su calidad de Hijo de Dios, comprendía y asumía él las prioridades que Israel no había entendido.

Mediante la contestación que Jesús da al Tentador "se nos revela toda la maldad de la sugerencia de Satanás que apuntaba a incitarle a salir *por sus propios medios* de la situación en la que su Padre le había puesto. Dicha sugerencia intentaba romper la unidad del Padre y del Hijo. Es esta misma voz la que tentará a Jesús en la cruz. Entonces, no se tratará del murmullo al oído por el hambre, sino por los clavos que desgarrarán su carne; y otra vez oirá: 'Si es el Cristo, el Hijo de Dios, sálvese a sí mismo' (Lc. 23:35). ¡Que tome su destino en sus propias manos, que su camino se desvíe del que Dios le ha marcado!" (J.S. Javet *L'Evangile de la grâce* p. 63).

"En los trances de la vida, Jesús no quiere nada más que lo que está asegurado, igual que a él, a los que llamará sus hermanos. Confía en su Padre, que es también el Padre de ellos, tal como todos los hombres lo pueden hacer, confiar en Dios" (H. Lutteroth *L'Evangile de Matthieu* Paris 1860 p. 35).

Muchos Judíos esperaban que el Mesías volviera a hacer el milagro del maná (el "pan del cielo" Jn. 6:30-31) que había alimentado al pueblo de Dios en el desierto. Por lo tanto, el diablo quiere presionar a Jesús para que entre en la esperanza mesiánica contemporánea – y de paso aliviar su hambre (como lo hará en la tercera tentación, según el orden de Mateo). Pero "Jesús no quería hacer de su vida una campaña contra el hambre, no quería vivir simplemente por las cosas temporales, ni abandonar la cruz por el pan, porque veía que el hombre tenía una necesidad más profunda, de orden espiritual, puesto que el hombre necesita el perdón, el poder ser declarado justo y reconciliado con Dios; y es justamente lo que Jesús ha venido a hacer en la tierra" (Billy Graham *Décision* Nº 131 p. 5).

Por otra parte fue confrontado a esta misma tentación después de haber hecho la multiplicación de los panes para la muchedumbre que quiso hacerle rey: un rey que se hubiese encargado de proveer para las necesidades materiales. "... me buscáis, no porque habéis visto las señales sino porque comisteis el pan y os saciasteis" (Jn. 6:26) – ¡y qué esperáis, al hacerme rey, que repetiré cada día este milagro! *Panem et circenses* (pan y juego del circo): Las dos primeras tentaciones: satisfacer las necesidades materiales y la sed de milagro espectacular.

La respuesta con la que contesta Jesús al diablo prueba, con su primera palabra ("el hombre") que pese a tener la dignidad de Hijo de Dios, está determinado a mantener su condición de hombre y a no emplear sus capacidades divinas para su uso personal. Como cualquier hombre, esperará cada día que su Dios le conceda el pan diario. Padecerá hambre y sed, cansancio y privaciones, sin recurrir a unos medios sobrenaturales para satisfacer sus necesidades. Decir no a esta tentación era aceptar de antemano el camino de la cruz que representó todo su ministerio – y aceptar permanecer en la cruz cuando sus enemigos le lanzaban: "Baja de esta cruz y creeremos en ti". "De principio a fin en esta tentación, Jesús no dispone de unos recursos especiales. Le hace frente como un creyente debe hacerlo: con la Palabra de Dios para conseguir la victoria" (L. Morris *L'évangile de Luc* p. 91).

La segunda tentación:

Echarse desde lo alto del Templo (Mt. 4:5)

¿Cuál era la meta de Satanás en esta tentación?

Puesto que Jesús había citado la Palabra de Dios para refutar la primera tentación, el diablo va a citarla igualmente para apoyar su segunda (o tercera) tentación. Tocaba una fibra sensible en Jesús, pues se trataba de una promesa de las Sagradas Escrituras. Tomarle la Palabra a las Escrituras, ¿no es eso manifestar y ejercer la fe? Por otra parte, ¡cuántas ventajas podría sacar de semejante demostración de fe! Si se hubiese tirado de hecho al vacío, desde lo alto del Templo, Dios le hubiera preservado para honrar su Palabra, aún cuando se hubiese aplicado erróneamente. Los israelitas abarrotando la explanada le hubieran visto con asombro bajar lentamente para llegar en medio de ellos. Todos hubiesen exclamado: "¡Milagro!" Inmediatamente le hubieran rodeado, escuchado, aclamado como el Mesías. Los israelitas esperaban que el Mesías bajara directamente del cielo. Decían: "Cuando venga el Cristo, nadie sabrá de donde sea" (Jn. 7:27). Es la razón por la que se negaron a creer que Jesús era el Mesías. Una de las tradiciones de los ancianos proclamaba explícitamente: "Cuando el Rey-Mesías se manifieste, vendrá y se presentará sobre lo alto del santuario. Entonces anunciará a los israelitas: 'Pobres gentes, el tiempo de vuestro rescate ha llegado'" (Midrash *Pesiqta Rabbati* 162[a]).

"Lo que está totalmente excluido es el milagro espectáculo, el milagro gratuito, sólo para impresionar. ¡Nunca Jesús hubiera hecho llover pétalos de rosas sobre sus amigos! Jesús calmará la tempestad sólo cuando sea preciso calmar el espanto de sus discípulos, o cuando sea menester liberar a un desdichado de los demonios o a un niño de la muerte..." (J. Ellul *Si tu es le Fils de Dieu* p. 82).

"Tampoco podemos descartar que el diablo, que es 'homicida desde el principio' (Jn. 8:44), esperara el fracaso de este salto mortal, usándolo para eliminar de este modo al Señor" (G. Maier *Das Evangelium des Lukas* Stuttgart Hänssler 1991 p. 175).

"En la primera tentación, el 'Si eres...' quería llevar a Jesús a la conclusión: '¡No permitas que te falte nada! ¡Ayúdate a ti mismo!'. Aquí las mismas palabras significan: 'No tengas miedo de nada; en todo caso, Dios te ayudará'. Es la tentación opuesta; la primera apunta a una falta de fe, la prueba de los principiantes; esta última, de alguna manera apunta a un exceso de fe, o a un abuso de fe, que es el peligro de los más avanzados" (F. Godet *Luc* I p. 296). Precipitarse desde esta altura de vértigo con el pretexto de esperar todo de Dios, era forzar la mano de Dios, obligarle bien sea a negar las promesas que había hecho, bien sea a hacer un milagro gratuito para proteger a su amado Hijo. Al repeler dicha tentación, "Jesús declara que contará con el socorro milagroso asegurado por su Padre únicamente para responder a las necesidades de una situación en la que el mismo Padre le habrá colocado" (Íd. p. 299).

La respuesta de Jesús al diablo significa lo siguiente: "'Si yo Jesús, hiciera lo que me estás pidiendo, entonces, tentaría a Dios'. Tentaría a Dios para obligarle a cumplir las promesas que hizo, lo pondría a prueba para saber si se puede confiar en él o no, si cumple su Palabra o no. Le lanzaría una especie de reto a Dios al colocarme en lo alto del Templo... se trataría de la expresión de una duda: porque dudo, quiero tener la prueba de que estas palabras son efectivamente para mí" (J. Ellul *Si tu es le Fils de Dieu* p. 83-84).

LAS TENTACIONES DE JESÚS

¿Por qué el diablo llevó a Jesús "a la ciudad santa"?

El texto no menciona otra razón posible para esta tentación: el efecto sobre la muchedumbre abarrotando la explanada del Templo. Es el sentido que Dostoievski da a esta tentación en "La leyenda del Inquisidor General" (en *Los hermanos Karamazov* citado anteriormente): impresionar con un milagro espectacular, probar el carácter divino con un prodigio, una tentación a la que sucumbieron muchos líderes cristianos – y no solamente en la Iglesia católica que Dostoievski estigmatiza. La insistencia en "señales y prodigios" responde a este mismo deseo de suscitar la fe mediante una demostración portentosa, milagrosa. "Nunca hizo, Jesús, milagros simplemente para crear la fe de los presentes. Sabía de sobra como es el hombre para no caer en ello, y comprobará que el mayor milagro posible – la resurrección de un muerto – no lleva a la fe a los que han decidido no creer (Jn. 11:46-50, 53).

Henri Lutteroth, uno de los hombres del Avivamiento de Ginebra, escribía lo siguiente en 1860: "Seguramente en el desierto donde ocurrió la escena, habría más de una roca elevada desde cuya altura hubiera podido llevar a Jesús a despeñarse, recordándole, como lo hace aquí, la promesa del socorro divino. Pero no, lo que importa es justamente la ciudad santa y el Templo... ¿Cómo conseguirá Jesús una buena acogida en esta Jerusalén que mata a sus profetas? ¿Cómo justificará Jesús su misión?... Al verle precipitarse desde esta altura y llegar tocando tierra sano y salvo, llevado por ángeles, ningún israelita pensará pedirle pruebas adicionales sobre su mensaje de lo alto. Después de semejante espectáculo, la ciudad santa entera reconocerá inevitablemente su autoridad; y entonces, ¿quién podría pensar que era mal consejero el que sugirió que se presentara de esta forma al pueblo? Aquí no se trata como anteriormente de las necesidades personales de Jesús, sino de su oficio de profeta, y por consiguiente del servicio a Dios. Al serle prometida una ayuda tan maravillosa, ¿cómo no la usaría en el interés de la causa que le había sido confiada?" (*L'évangile de Matthieu* p. 38).

F. Rienecker confirma esta interpretación: "El diablo propone a Jesús que convenza a los judíos, con un medio muy especial, de que es el Hijo de Dios... Apoyándose en la omnipotencia divina, debe comenzar solemnemente su actividad mesiánica con un acto religioso inaugural. Porque sólo mediante una manifestación excepcional del poder divino podrá cumplir su misión: edificar el reino de Dios en la tierra. Tal es la propuesta del Tentador" (*Das Evangelium des Matthäus* Wuppertal 1966 p. 43).

Como en la primera tentación, el diablo quiere forzar a Jesús para que acceda a la espera mesiánica equivocada del pueblo y le pide que les convenza a todos mediante una hazaña espectacular que fuerce la adhesión, un hecho manifestando un poder glorioso, irresistible.

¿Qué falsedad entrañaba el uso que el diablo hizo del Salmo 92:11-12?

El diablo sacó estas palabras de su contexto. El v. 10 del Salmo 91 muestra claramente en qué circunstancias podemos esperar la intervención de los ángeles de Dios para guardarnos: "No te *sobrevendrá* mal, ni plaga *tocará* tu morada"; se trata pues de una protección de Dios contra unos peligros que pueden venir desde fuera, unas desgracias que pueden *acontecer*, *alcanzar* al justo, *tocar* su morada, y no peligros que él provocaría voluntariamente, arriesgándose de forma presuntuosa.

Le contesta Jesús con las palabras de Dt. 6:16: "No intentarás forzar la mano de Dios" (BS; "No tentaréis a Jehová vuestro Dios" RV - para que intervenga a pesar de tu presunción). La cita aludía al modo como los israelitas habían intentado

LAS TENTACIONES DE JESÚS

forzar a Dios a procurarles agua en Masah: Ex. 17:2,7), en lugar de tener fe en Dios, presente entre ellos, en sus promesas y en su intervención cuando lo considera oportuno.

Henri Lutteroth decía: "Basta con mirar por encima el salmo de donde se sacan estas palabras que servirán de argumento al diablo, para darse cuenta de que en ningún modo pueden convenir para apoyar su consejo... En este precioso salmo, la protección de Dios es prometida a los que aman a Dios, sean como sean de importantes los peligros en los que pudieran hallarse. Las trampas del cazador, el encuentro con el león y el áspid, la saeta que vuela de día y lo que puede causar el terror nocturno, la enfermedad y los demás males que pueden causar la muerte, se presentan como ejemplos. Se trata de peligros temibles, ante los que uno puede hallarse de forma imprevista, y que a nadie se le ocurriría buscar como algo apetecible. Dios velará sobre los suyos cuando se encuentren en estos trances; ahora bien, no se puede en absoluto concluir que esta promesa de asistencia es válida también para los peligros que nos habríamos buscado de manera insensata, sin otro motivo que darle a Dios la oportunidad de sacarnos de ellos. Claro que no, no se promete nada que pueda alimentar o servir para animar tan presuntuosa temeridad. Por lo que Jesús se niega a inaugurar su ministerio de profeta con dicha hazaña" (*L'Evangile de Matthieu* p. 39-40).

Esta tentación reapareció varias veces en el curso de su ministerio. Cuando Jesús expulsó a los vendedores del Templo, "le dijeron: '¿Qué señal milagrosa puedes mostrarnos para probar que tienes el derecho de actuar de esta forma?'" (Jn. 2:18 BS; "¿Qué señal nos muestras, ya que haces esto?" RV). Un día, los fariseos y los saduceos vinieron y, para tentarle, le pidieron que les mostrase una señal del cielo (Mt. 16:1). Cuando Jesús compareció ante Herodes, este último esperaba también verle hacer algún milagro (Lc. 23:8).

La tercera tentación:

El ofrecimiento del dominio del mundo

"Otra vez le llevó el diablo a un monte muy alto, y le mostró todos los reinos del mundo y la gloria de ellos" (Mt. 4:8). Es evidente que ninguna montaña de la tierra es lo suficientemente alta para que desde su cumbre se puedan ver "todos los reinos de la tierra". Se trata de una visión espiritual: es en su espíritu que Jesús puede contemplar la gloria de los reinos terrestres. Ante este espectáculo, oye una voz que le susurra: "'Todo esto puede ser tuyo, si quieres; tendrás plena libertad para cumplir todas las obras que quieras en este vasto campo; podrás hacer reinar la justicia y la santidad como te apetezca, podrás purificar este mundo de toda idolatría y hacer de él un santuario de Dios; todo esto... con la única condición de doblar tu rodilla delante del que te habla'. Satanás había visto a tantos hombres eminentes sucumbir a semejante esperpento que albergaba alguna esperanza de vencer otra vez con este recurso" (F. Godet *Luc* I p. 292).

¿Qué estaba en juego en esta tentación?

Satanás propone a Jesús la soberanía sobre todos los reinos de la tierra: podrá cumplir libremente todas las obras buenas que quiera en este vasto campo. ¿Sería insensible Cristo a estas inmensas posibilidades que se le ofrecían? ¿Quién, entre los hombres bien nacidos, nunca soñó ser rey – o presidente de la República – para acabar con todas las injusticias y las violencias en su campo de jurisdicción? ¡Pero aquí, se trata nada menos que de una dominación mundial que Satanás ofrece a Jesús! En lugar de los emperadores ambiciosos, orgullosos, a menudo perversos, hubiéramos visto en el trono universal a

LAS TENTACIONES DE JESÚS

un monarca justo, bondadoso y preocupado únicamente por el bien de sus súbditos, gobernando el mundo según los principios que expondría en el Sermón del monte. ¿No era esto la realización de las predicciones hechas por los profetas: "Reinará con justicia; gobernará el mundo con equidad, su cetro se extenderá hasta los confines de la tierra..."?

Todo esto se lo ofrece en bandeja e inmediatamente, sin que tenga que pasar por la lenta y siempre problemática conquista del poder, sin todos los obstáculos que los hombres opondrán a su predicación, y sobre todo: ¡*sin la cruz*!

"Satanás ofrece a Jesús todo lo que puede desear como Mesías, sin los riesgos de la lucha o el cansancio del combate" (M.J. Lagrange *Evangile selon saint Luc* p. 131). La proposición recuerda la promesa del Salmo 2:8 y de Dn. 7:14. Pero, mientras que en el Antiguo Testamento la autoridad sobre el mundo está claramente en las manos de Dios, aquí, Satanás pretende que le ha sido dada y que puede usarla como le parezca (cf. Mr. 16:14; Jn. 12:31; 14:30; 1 Jn. 5:19; Ap. 13:2).

El diablo "le propone transformar los reinos del mundo en reinos de Cristo. Unas posibilidades inesperadas le son ofrecidas. Para Jesús, la verdadera tentación no consiste en la posibilidad de escapar de su misión sustituyendo la salvación del mundo por un reino egoísta... Satanás ataca en el mismísimo marco de la misión mesiánica. Satanás abre las puertas a la salvación del mundo, todo está dispuesto para que el mundo entero sea propiedad de Jesús. Debe ser eliminada la oposición del mundo contra él. Jesús podrá ahorrarse los horribles sacrificios, los terribles sufrimientos que acarrea la oposición del mundo. Las espantosas culpas que provienen de dicha oposición se pueden evitar. Todo eso se lo puede ahorrar Jesús para sí mismo, para sus discípulos y para el mundo. Podrá cumplir su misión sin obstáculos: someter el mundo al reino de Dios. Bastará tan sólo con aceptar la oferta de Satanás que se declara dispuesto a cederle el mundo bajo una sola e insignificante condición: que reconozca que Satanás es el que posee el mundo ('a mí me ha sido entregada' Lc. 4:6) y dispone de él". (H. Gollwitzer *La joie de Dieu* p. 49-50).

Jesús podría disponer de un "poder impresionante gracias a la riqueza, la fuerza militar y política", un poder "que sería utilizado por Jesús para el cumplimiento de su misión" (P. Bonnard *L'évangile de Matthieu* p. 45; NdT. *Evangelio según Mateo* p. 75 Ediciones Cristiandad).

Se le pone en bandeja a Jesús la posibilidad de establecer un reino superior en poder al Imperio romano. Lo que sugiere esta visión hace destacar una legitimidad impresionante: semejante poder tendría como única preocupación el bien del pueblo y podría extender el bien por todo el mundo. Ahora bien, para hacerlo es necesario llegar a un compromiso – como se suele hacer en el mundo" (L. Morris *L'évangile de Luc* p. 90). Por lo que Ellul llama a esta tercera prueba "la tentación política".

En esta tentación, "¡el diablo propone a Jesús que cumpla exactamente la misión por la que Dios le ha enviado! Y Jesús la rechaza. Rechaza su propia tentación de ejercer rápidamente este poder universal, de ejercerlo él mismo tomándolo... Pero hay más: hay el *en seguida*. Cumplir en seguida el plan de Dios, es en realidad, una vez más, colocarse en el lugar de Dios. Y sin embargo, ¡hubiese sido tanto más seguro y más cómodo!" (J. Ellul *Si tu es le Fils de Dieu* p. 78).

La respuesta de Jesús "no se halla en el campo moral sino en el campo de la obediencia a la revelación ya hecha, válida eternamente y que saca de esta Biblia hebraica que viene para cumplir. Escrito está... basta esta arma... De modo que, para toda tentación, una respuesta acertada es suficiente, y la encontraremos siempre en la Biblia. Sin embargo, faltará además estar decidido a seguirla" (p. 79).

No se nos dice que Dios haya quitado de Jesús la percepción de su presencia, pero podemos estar casi seguros de que fue el caso, de otro modo la tentación hubiera sido una farsa. Si Jesús hubiese sido consciente de la presencia de Dios a su lado, la tentación de adorar a otro no habría tenido ningún sentido. La única presencia era la de Satanás, probablemente disfrazado de ángel de luz (2 Co. 11:14).

Cuenta Bob Mumford que uno de sus amigos se había recluido durante tres días en una habitación de hotel para ayunar y orar. Mientras estaba de rodillas, parecía sentir una presencia. Levantó los ojos y vio ante él el hombre más guapo que jamás había visto, rodeado de un halo de luz. Un deseo intenso de adorarle se apoderó de él. Oyó una voz que le decía: "Si me adoras te daré un poderoso ministerio de curación. Serás conocido en el mundo entero". En su fuero interno le vino la palabra: Jesús. Después de una lucha interna, pronunció dicho nombre e inmediatamente, la visión desapareció. (*The Purpose of Temptation* p. 111-112).

J. Ellul, que ha sido profesor de derecho en la universidad de Burdeos, tiene palabras muy duras para con todos los que ejercen el poder, en cualquier ámbito. "La declaración del diablo es contundente: el poder político en todos los países, la gloria política, la grandeza política, todo aquello pertenece al diablo. ¡Ya lo creo que es grave! Esto debe llevarnos a considerar de otra manera los gobiernos y los poderes. Son todos emanaciones de Satanás, todos hicieron un pacto de sumisión al diablo, todos han sido establecidos por el diablo... De modo que podemos decir sin vacilar que todos los que tienen el poder político, incluso cuando lo usan bien ('el diablo sabe también hacer el bien de vez en cuando'), lo recibieron por mediación diabólica, y aún cuando no son conscientes de ello, son adoradores del *diabolos*. Si fue así en la proposición que el diablo hizo a Jesús mismo, ¡cómo se podría creer que los demás hombres salieran mejor parados que Jesús! Pero acordémonos siempre que esta sed de poder no es más que una expresión particular de la codicia. Piedra angular, desde

Adán, de toda maldad y voracidad humana" (J. Ellul *Si tu es le Fils de Dieu* p. 76).

¿Qué debemos pensar de la pretensión de Satanás?

En Mt. 4:8, Satanás propone tan sólo dar "todos los reinos de este mundo y su magnificencia" a Jesús. La proposición es más precisa en Lc. 4:6: "A ti te daré toda esta potestad, y la gloria de ellos; porque a mí me ha sido entregada, y a quien quiero la doy". ¿Qué debemos pensar de esta afirmación? Jesús habló del diablo diciendo que es "mentiroso y padre de la mentira" (Jn. 8:44). En lo que dice aquí hay elementos de verdad y mentiras gordas. Es cierto que la soberanía del mundo le había sido "dada" – para que la administre, él no era el propietario. Pero cuando cayó por su orgullo (cf. Is. 14:13-14), este gobierno del mundo le fue retirado. Por cierto, conserva algún poder, pero sólo lo puede ejercitar dentro de los límites asignados por Dios (cf. Job 1:12; 2:6).

"El poder del diablo sobre el mundo entero, implícito aquí y explícito en Lc. 4:6, es afirmado en Jn. 12:31; cf. 2 Co. 4:4; 1 Jn. 5:19. Y es precisamente este poder al que Jesús había venido a contestar y la contienda tenía que ser muy dura." (R.T. France *L'évangile de Matthieu* p. 85). Satanás tiene un poder de hecho sobre el mundo (Ef. 2:2; 2 Co. 4:4) reconocido por Jesús (Jn. 14:30; 16:11).

"A quien quiero la doy" contiene también una parte de verdad. Quien se atrevería a negar que un buen número de los que han ejercido dominio sobre los pueblos debían su posición a un concurso de "providencias satánicas" y a unos medios que, lejos de corresponder a unas cualificaciones espirituales o a un apoyo de Dios, son directamente los métodos del Adversario. Sin embargo, en este punto también y en última instancia, Dios tiene la última palabra; de él proviene la autoridad de todos los que ejercen poder (Ro. 13:1). Incluso los que, obviamente, han recibido y ejercitado su dictadura por medios satánicos, no permanecen en el poder más tiempo de lo que Dios ha decidido.

Aceptar el gobierno del mundo de la mano de Satanás hubiera sido reconocer sus pretensiones como si fuesen verdaderas y para formalizarlo hubiera cumplido el gesto convencional acompañando todo traspaso de poderes: postrarse ante Satanás. Tal vez pensaba Jesús en este momento crucial cuando dijo más adelante: "¿Qué aprovechará al hombre, si ganare todo el mundo, y perdiere su alma?" (Mt. 16:26), sino también: "El dominador de este mundo viene: no tiene ningún asidero sobre mí" (Jn. 14.:0 BS; "viene el príncipe de este mundo, y él nada tiene en mí" RV). Negando esta pretensión de Satanás, Jesús "ha afirmado los derechos de Dios" (Valensin – Huby *Evangile selon Saint Luc* p. 72).

Esta soberanía sobre el mundo, Jesús la recibió de parte de Dios (Mt. 28:18) – con los plenos poderes en el cielo – pero después de la cruz.

Jesús hubiera podido convertir las piedras en panes. Sin ninguna duda. Pero no lo quiso. ¿Habría salido ileso saltando desde el pináculo del Templo? Sin lugar a dudas. Del mismo modo que hubiera podido solicitar la ayuda de doce legiones de ángeles cuando su arresto. Pero en este caso también, como en muchas otras circunstancias, era preciso que no lo hiciera – para la salvación de la humanidad, y no lo quiso hacer. Esto nos recuerda una de las fórmulas (de inspiración cristiana) empleada en ocasión de la coronación de los reyes de Francia: "Sire, usted todo lo puede, pero no puede desear todo lo que puede", decía el canciller del Reino.

Diferentes tentaciones de Cristo durante su ministerio

"A lo largo de su ministerio, lo importante es encontrar las mismas tentaciones que fueron presentadas por varias personas diferentes y que iban dirigidas a una posible codicia[15] en él" (J. Ellul *Si tu es le Fils de Dieu* p.22).

Después de la multiplicación del pan

Más adelante y a lo largo de su ministerio, Jesús fue sometido más de una vez a diversas tentaciones. En una de ellas, cuando acababa de alimentar a una muchedumbre de varios miles de hombres y mujeres, esta gente quería arrebatarle ("apoderarse de él" RV) para hacerle rey. Tornó entonces la última de las tres tentaciones después de esta multiplicación del pan: "Cuando toda esta gente vio la señal milagrosa de Jesús, exclamaron: ' No hay ninguna duda, este hombre es realmente el Profeta que había de venir al mundo'. Pero Jesús, sabiendo que le arrebatarían para proclamarle rey, volvió a retirarse al monte él solo" (Jn. 6:14-15).

Jesús se salvó, escapó de la muchedumbre. "Hizo a sus discípulos entrar en la barca" para volver sin que el entusiasmo popular les pudiera contaminar, y al día siguiente, en la sinagoga de Capernaum, propinó una ducha fría a todos sus entusiastas seguidores con su discurso sobre el pan de vida.

En este preciso momento, una gran parte de sus discípulos le abandonaron. Entonces, "Jesús dijo a los doce: 'Y vosotros ¿no queréis iros también?'" (Jn. 6:67).

"En el instante que transcurrió entre la pregunta y la respuesta, todo se tambaleaba como sobre el filo de una navaja; el

---

[15] "Ver justamente aquí el famoso texto de Fil. 2:6 en el que Jesús podría haber estimado el ser igual a Dios como (una presa a arrancar SEG) cosa a que aferrarse (no intentó beneficiarse de su igualdad con Dios BS)".

destino de la humanidad se decidió para los siglos de los siglos; tal vez el mundo nunca había conocido semejante trance y no volverá jamás a pasar por uno así. ¿No se marcharán estos doce últimos, no le dejarán solo? El Hijo de Dios vino para salvar al mundo, y no lo salvó – ¿sería posible? Así es, si el mismísimo Dios Todopoderoso no puede salvar al mundo a la fuerza; si Él también por amor se niega a violentar la libertad del hombre. He aquí lo que se estaba jugando en este tremendo instante...
'Pero Pedro contestó: Señor, ¿a quién iremos? Tú tienes palabras de vida eterna. Y nosotros hemos depositado toda nuestra confianza en ti y sabemos que tú eres el Santo, el enviado de Dios' (v. 68-69).

"Esto quiere decir: 'El mundo no te ha reconocido, pero nosotros te hemos reconocido'. Pasó el trance. Y en el camino lodoso, bajo la fastidiosa e irritante lluvia, los doce miserables vagabundos emprendieron de nuevo su azaroso camino, precedidos por el Decimotercero – y todos salvo Judas el diablo, sentían en su corazón tanta alegría... como si el reino de Dios hubiese llegado ya" (D. Merejkovsky *Le Christ qui vient* p. 212-213).

Camino de Cesarea de Filipo (Mc. 8:27-33)

Nuevamente se presentará esta situación crucial en el camino de Cesarea de Filipo, cuando preguntará Jesús a sus discípulos: "¿Quién decís que soy?". Merejkovsky comenta: "Se podría decir del testimonio de Marco/Pedro sobre Cesarea lo que hemos dicho en cuanto al testimonio de Juan: En el instante que separa la pregunta de la respuesta, el destino de la humanidad se tambaleaba como sobre el filo de una navaja; el mundo puede salvarse o perecer. 'Tú eres el Cristo' contestó Pedro y salvó al mundo. En este instante, Pedro tomó sobre él toda la carga de la humanidad. '¿Quién soy?' La humanidad contestó a la pregunta de Jesús por boca de Pedro 'Tú eres el Cristo'" (Íd. p. 238).

El destino del mundo se jugó sobre dos palabras arameas: *entaj Mesiaj*. No contestó positivamente toda la humanidad a esta pregunta por boca de Pedro, sino una parte de la humanidad, la que dijo sí a Dios. Pero la transcendencia del evento no mengua por ello. Efectivamente, supongamos que después de toda la enseñanza de Jesús a lo largo de su ministerio, después de todos sus milagros y exorcismos, no haya encontrado a nadie que le reconozca como el Mesías, Hijo del Dios viviente, ¿cuál hubiera podido ser la reacción de las autoridades y dominaciones satánicas? No habrían dudado, ciertamente, de su naturaleza divina – los demonios la reconocen en los exorcismos – pero sí de su capacidad para llevar a los hombres a reconocerle. Un poco al estilo de estos pretendientes exclusos al trono que nunca encuentran a ningún monárquico decidido a apoyar sus pretensiones.

Pedro fue el primero que confesó que Jesús de Nazaret era el Mesías y el Hijo de Dios. Su confesión se verá confirmada "seis días más tarde" (Mc. 9:2; cf. Lc. 9:28) por la voz de Dios mismo en el monte de la transfiguración: "Este es mi Hijo amado; a él oíd" (Mc. 9:7), confirmación apoyada por la presencia de los dos personajes más significativos del antiguo pacto, Moisés y Elías, representando la Ley y los profetas.

Jesús contesta a dicha confesión de Pedro con una promesa: "Tu eres Pedro, y sobre esta roca edificaré mi iglesia". Palabra discutida, que desde los primeros siglos dio lugar a tres interpretaciones divergentes: la Iglesia será edificada sobre Jesucristo, sobre Pedro o sobre su confesión. Cada una tiene sus defensores convencidos entre los Padres de la Iglesia. Pero, ¿es necesario escoger?[16]

El después de Cesarea

Todos los esfuerzos de Jesús antes de Cesarea convergían hacia este momento en el que los discípulos reconocerían que

---

16 Ver A. Kuen: *Je bâtirai mon Eglise* p. 106-115.

era el Cristo, el Hijo del Dios viviente. Ahora, la meta ha sido alcanzada. Si el Evangelio hubiese sido una historia inventada por los hombres, la lógica continuación de este reconocimiento hubiese sido: "Pues bien, ahora, ¡vámonos! Lo que habéis reconocido lo vais a proclamar públicamente, y juntos construiremos el reino".

Estas dos conclusiones "lógicas" están contradichas por el Evangelio, el verdadero. Marco, quien anotó los recuerdos de Pedro, recuerda en pocas palabras los tres elementos significativos de este día en Cesarea de Filipo: *"¿Quién decís que soy? Pedro le contestó: ¡Tú eres el Mesías! Les ordenó que no lo dijeran a nadie. Y comenzó a enseñarles que el Hijo del Hombre tenía que padecer mucho, ser rechazado por los responsables del pueblo, los jefes de los sacerdotes y los intérpretes de la Ley; tenía que ser ejecutado, morir y resucitar tres días más tarde. Les dijo todo aquello muy claramente"* (Mc. 8:27-32).

1º "Tú eres el Mesías" 2º - ¡No lo digáis a nadie! 3º - El Mesías debe ser ejecutado.

Entendemos la reacción de Pedro, el mismo que había en primer lugar confesado que era el Cristo: *"Entonces Pedro lo (a Jesús) tomó aparte y empezó a reconvenirle"* (v.32b). *"¡Dios te libre de ello, Señor! ¡Esto no te sucederá!"* (Mt. 16:22).

¡Reacción humana lógica! Si Jesús es el Mesías, ¿cómo podría "padecer cruelmente" en las manos "de los responsables del pueblo, de los jefes de los sacerdotes y de los intérpretes de la Ley" es decir de la élite del pueblo elegido que espera desde siglos esta manifestación del Rey-Mesías, Hijo de David? ¡Es tiempo de júbilo, tiempo de proclamar alto y claro esta gran noticia, eventualmente de luchar, pero no de hablar de sufrir y morir!

"Pero Jesús, volviéndose, le dijo: ¡Quítate de delante de mí, Satanás!; me eres tropiezo para mi misión, porque tus pensamientos no son los de Dios; son pensamientos meramente humanos" (Mt. 16:23).

"Reacción humana", ¡meramente humana, demasiado humana! Pero que no coincide con los pensamientos de Dios. "Porque mis pensamientos no son vuestros pensamientos, ni vuestros caminos mis caminos, dijo Jehová. Como son más altos los cielos que la tierra, así son mis caminos más altos que vuestros caminos, y mis pensamientos más que vuestros pensamientos" (Is. 55:8-9). La muerte del Hijo de Dios es un escándalo incomprensible para la mente humana. "Si Dios no permitió que Isaac fuese inmolado, dirá el Talmud, ¿habría podido permitir el asesinato de su Hijo sin destruir todo el universo y transformarlo en un caos?" No había dicho Dios: "Maldito por Dios es el colgado" (Dt. 21:23; Gl. 3:13). ¡Y ahora el Hijo de Dios contempla este destino para él mismo! Podemos entender a los que decían de él: Demonio tiene, y está fuera de sí; ¿por qué le oís?" (Jn. 10:20). "La predicación de la muerte de Jesús en una cruz es una locura a los ojos de los que se pierden" dirá más tarde el apóstol Pablo – para quien esta predicación no sólo fue "una locura", sino también "un escándalo" (1 Co. 1:18,23).

Escándalo, en su sentido etimológico, es decir, obstáculo que hace caer, esta palabra de la cruz lo ha sido para Jesús mismo. "Si para el mismo Jesús los pensamientos de Pedro representan un 'escándalo', eso significa que Pedro no se ha equivocado enteramente y que ha percibido que Jesús no va a la cruz por gusto (NdT. en el original *d'un coeur léger* – de corazón ligero. Se podría también traducir con la expresión 'la flor al fusil' que se usa cuando se va al frente contento y seguro de una pronta victoria aplastante), y que la cruz humana va también en contra de su naturaleza, la desea y la rechaza a la vez, se somete resignado y se rebela. 'Ahora está turbada mi alma... ¡Padre sálvame de esta hora! (Jn 12:27 NdT. La BS opta por un signo de exclamación mientras la RV y muchas otras traducciones por un signo de interrogación porque lo que precede es una interrogación: '¿qué diré? ¿Que mi padre me libre de este trance?' BP). 'Comenzó a afligirse (a llenarse de terror BS) y a angustiarse (*adèmonein*) – a perder el ánimo' (Mc. 14:33)".[17]

---

17 D. Merejkovsky *Le Christ qui vient* p. 252-253.

Claro que no, no es por gusto que Jesús contempló todos los padecimientos que expuso a sus discípulos. Hablando de su muerte decía: "De un bautismo tengo que ser bautizado; *y ¡cómo me angustio hasta que se cumpla!*" (Lc. 12:50).

El apóstol Pablo dijo que "no estimó el ser igual a Dios como cosa a que aferrarse". Era la tentación que la serpiente propuso a Adán.

"¿Cómo sabemos que fue una tentación para Jesús? Sencillamente, por la vivacidad de sus respuestas cada vez que se plantea el tema.

"Un hombre acude y, echándose de rodilla ante él, exclama: "Buen maestro... Y Jesús le contesta en seguida: '¿Por qué me llamas bueno? Ninguno hay bueno sino uno: Dios'. No acepta que nadie le atribuya lo que sólo pertenece a Dios" (J. Ellul *Si tu est le Fils de Dieu* p. 89).

El día en que Pedro hizo su gran declaración "Eres el Cristo, el Hijo del Dios vivo", recibió felicitaciones de Jesús quien inmediatamente prosiguió exponiendo a sus discípulos "que le era necesario ir a Jerusalén y padecer mucho de los sacerdotes y de los escribas; y ser muerto, y resucitar al tercer día" (Mt. 16:21). "Entonces Pedro, tomándolo aparte, comenzó a reconvenirle ('hacerle reproches' BS; 'se puso a increparlo' BP): Señor, ten compasión de ti; en ninguna manera esto te acontezca" (RV; '¡Dios te guarde de ello, Señor! ¡Esto no te acontecerá!' BS).

"Pedro es lógico consigo mismo, las declaraciones ilógicas son las de Jesús: primero felicita a Pedro, declara que ha sido inspirado por el Espíritu de Dios cuando proclama que es el Cristo y el Hijo de Dios. Luego, Jesús declara que va a Jerusalén para padecer y morir. Para Pedro (¡y para nosotros!) es obviamente incompatible, contradictorio, y la violenta réplica de Jesús es extraordinaria: '¡Quítate de delante de mí (Retírate BP) "Satanás!" ¡Aléjate de mí! Me eres en escándalo (eres un obstáculo para mi misión; quieres hacerme caer BP), porque

tus pensamientos no son los de Dios; son pensamientos meramente humanos'. Pedro habla como Satanás: puesto que eres el Hijo de Dios, ¡no puede sucederte lo que dices!...
"Lo importante aquí, es la palabra 'escándalo': el escándalo, es literalmente la trampa. 'Me tiendes una trampa'. Dicho de otro modo, la reconvención de Pedro es una trampa para Jesús, pero ¿lo sería si no correspondiera también a algunos pensamientos de Jesús? Es una trampa, porque para Jesús es una tentación... Las palabras de Pedro son un escándalo para Jesús porque abren una alternativa, que sería infinitamente más cómoda, algo que por cierto Jesús había también considerado.

"Tentación. Es precisamente por ser una tentación que la respuesta de Jesús es tan tajante. Tentación de no padecer y morir, que encontrará eco en la oración de Getsemaní". O en esta declaración en Lc. 12:49-50: "Fuego vine a echar en la tierra; ¿y qué quiero, si ya se ha encendido? (¡Cuánto quisiera que esté ya encendido! BS) De un bautismo tengo que ser bautizado (pero hay un bautismo que debo recibir BS); y ¡cómo me angustio hasta que se cumpla!" Quería que esta dura prueba que le esperaba hubiera pasado ya. "Ha sido tentado como nosotros en todo, y como todo hombre, temía el sufrimiento y la muerte" (J. Ellul *Si tu es le Fils de Dieu* p. 101-102).

Existía también la tentación de responder al deseo de la muchedumbre, una tentación que se repite de forma insistente: "Todos te buscan", vienen a decirle triunfantes Pedro y sus amigos. "Vamos a los lugares vecinos", les contesta (Mc. 1:38). Cuando le anuncian: "Todos te buscan para hacerte rey" (Jn. 6:15), huye. "Dicho de otro modo, rechaza clara y llanamente la tentación de notoriedad, de prestigio, de éxito, de gloria concedida por la muchedumbre. Su fama se extendía cada vez más, las gentes venían en masa para escucharle... y él, se retiraba a lugares desiertos y oraba" (Id. p. 91).

"*Cuando se cumplió el tiempo en que él había de ser recibido arriba, afirmó su rostro (decidió resueltamente* BS*) para ir a Jeru-*

salén" Lc. 9:51). Literalmente, Lucas dice que Jesús "endureció su frente" para subir a Jerusalén. Siendo hombre como nosotros, se preparó para enfrentarse al sufrimiento con el corazón hecho un puño. La única razón que le constreñía hacia este trágico destino era el "es necesario": "*Desde entonces* (en cuanto Pedro reconoció en él el Mesías), *comenzó Jesús a declarar a sus discípulos que le* era necesario *ir a Jerusalén y padecer mucho de los ancianos, de los principales sacerdotes y de los escribas (que le harían sufrir cruelmente* BS); *y ser muerto*" (Mt. 16:21). Sabía que era la voluntad de su Padre que diera "su vida en rescate por muchos" (Mt. 20:28). "*Es necesario* que el Hijo del Hombre padezca muchas cosas, y sea rechazado" (Lc. 9:22).

Después de la resurrección, volverá a decir retrospectivamente a los discípulos de Emaús: "¿No era necesario que el Cristo padeciera estas cosas, y que entrara en su gloria? (Lc. 24:26); luego les explicaría la razón de esta necesidad "comenzando desde Moisés, y siguiendo por todos los profetas" aclarándoles que estos sufrimientos estaban previstos y eran indispensables para nuestra redención. El mismo día, repetiría a los Once: "Estas son las palabras que os hablé, estando aún con vosotros: que era necesario que se cumpliese todo lo que está escrito de mí en la ley de Moisés, en los profetas y en los salmos" (v.44).

Pues sí, se lo había dicho y repetido muchas veces. "Parece ser que Jesús se encontraba solo con sus discípulos desde el principio del verano en Cesarea de Felipe hasta la mitad de marzo, el adar judío del año siguiente (la recaudación del impuesto del Templo en Capernaúm, Mt. 17:24), es decir durante siete meses, unos doscientos días. 'No quería que nadie lo reconociese, porque enseñaba a sus discípulos' (Mc. 9:30-31)... Durante unos doscientos días, Jesús enseña a sus discípulos, como a unos niños pequeños, el abecedario de la cruz, repitiendo siempre los mismos puntos a, b, c: "padecer, ser muerto, resucitar', cada vez con mayor precisión, y les enseñará por última vez en esta subida a Jerusalén, con la misma exactitud y seguridad como si lo estuviera viendo en un sueño profético y tal como si recordara algo ya pasado: 'He aquí subimos a Jerusalén, y el Hijo del Hombre será entregado a los principales sacerdotes y a los escribas, y le condenarán a muerte, y le entregarán a los gentiles; y le escarnecerán, le azotarán, y escupirán en él, y le matarán; mas al tercer día resucitará' (Mc. 10:33-34)" (D. Merejkovsky *Le Christ qui vient* p. 264).

Cuando Marcos recuerda el paso de incógnito de Jesús en Galilea donde "no quería que nadie lo supiese, porque estaba entregado a la enseñanza de sus discípulos" (BS), añade enseguida el contenido de esta enseñanza: "les decía: El Hijo del Hombre será entregado en manos de hombres, y le matarán; pero después de muerto, resucitará al tercer día. Pero ellos no entendían esta palabra, y tenían miedo de preguntarle" (Mc. 9:30-32).

"Durante doscientos días no le comprendieron; durante dos mil años, la humanidad no lo comprenderá" (D. Merejkovsky *Le Christ qui vient* p. 265).

Dos escapatorias para el desenlace final

En el monte de la transfiguración

En dos ocasiones aún, Jesús tendrá ante él la posibilidad – y la tentación – de evitar el desenlace fatal de su vida. La primera tuvo lugar en el monte de la transfiguración. Lucas nos dice que Moisés y Elías conversaban con Jesús "*del modo con el cual acabaría su misión muriendo en Jerusalén (de su partida* RV)" (Lc. 9:31). Literalmente: "*hablaban de su éxodo*". La palabra griega *exodos*, partida, es de destacar; Lucas escogió intencionalmente una expresión que encierre a la vez la noción de muerte y de redención. La ascensión era para Jesús la vía natural para salir de la vida, como lo es para nosotros, pecadores, la muerte. Podía entonces todavía decidirse por este modo de partida que le era reservado. Dado que estaba sin pecado, Jesús no tenía por qué pasar por la muerte. Los dos representantes de la ley y de los profetas le aseguraban, según todo lo que habían declarado con sus palabras y en sus escritos, que tendría derecho a volver hacia su Padre sin probar la muerte. Podía subir ya con sus dos interlocutores celestiales. Pero subir ahora hubiese supuesto subir sin nosotros, dejando la humanidad bajo el peso del pecado y de la muerte. Sus dos interlocutores tuvieron también que recordarle, según todo lo que hay escrito en la ley y en los profetas, que la muerte voluntaria era el único medio para expiar "el pecado del mundo" y salvar a la humanidad. "No, no volverá hasta que pueda llevarla consigo. Y para ello, es preciso que se enfrente al otro modo de partida, la salida que se consume en Jerusalén" (F. Godet *Luc* I p, 600-601).

Además, esta palabra éxodo fue sin duda escogida, no sólo porque representa la muerte mediante un eufemismo, sino porque era una referencia expresa a la experiencia del pueblo de Israel con Moisés. El Primer éxodo liberó Israel de la esclavitud en Egipto; el segundo éxodo libera todo el nuevo pueblo de Dios de la esclavitud del pecado. El primero recibió su sanción definitiva mediante la "muerte" en el mar Rojo (Ex. 15:22); el éxodo que saca de la esclavitud del pecado fue realizado mediante la muerte de Jesús en la cruz. En este sentido, el "bautismo" del pueblo con Moisés (1 Co. 10:1-2) prefiguraba el "bautismo" sangrante del Gólgota (Lc. 12:50).

Jesús aceptó morir voluntariamente "como sacrificio expiatorio". Lo había dicho a sus discípulos: "*Nadie me la quita* (mi vida), *sino que yo de mi mismo la pongo. Tengo poder para ponerla, y tengo poder para volverla a tomar*" (Jn. 10:18). La transfiguración ha sido entonces para él la ocasión de ratificar voluntariamente el don de su vida para la salvación del mundo.

Para Jesús, esta transfiguración ha sido una confirmación del camino que había escogido: estaba plenamente aprobado por el Padre; podía entonces ir adelante totalmente confiado. La muerte de Cristo llegará a ser el nuevo éxodo que permitirá a los que le aceptan por fe ser liberados del país de la esclavitud (del pecado) y conducidos hacia el País prometido (= el cielo, como los israelitas dejaron Egipto para ir a Canaán). Es la razón por la que Jesús decide libremente bajar del monte y dirigirse a Jerusalén donde se jugará su destino – y el destino de todos nosotros. Después de esta conversación en la que confirmó su decisión, podrá oír por segunda vez la voz del Padre expresando su gozo en él y la aprobación de su decisión: "Este es mi Hijo amado, en quien tengo complacencia (el que hace todo mi gozo BS)" (Mt. 17:5).

Es bajando del monte cuando Jesús repite a los discípulos que "la Escritura anuncia que el Hijo del hombre padecerá mucho y será tratado con menosprecio" (Mc. 9:12 BS).

"Quisiéramos ver a Jesús"

Otra ocasión le será dada aún para evitar el final atroz de su ministerio. Juan es quien nos cuenta el incidente. "Había ciertos griegos entre los que habían subido a adorar en la fiesta. Estos, pues, se acercaron a Felipe, que era de Betsaida de Galilea, y le rogaron, diciendo: 'Señor, quisiéramos ver a Jesús'. Felipe fue y se lo dijo a Andrés; entonces Andrés y Felipe se lo dijeron a Jesús (Jn. 12:20-22).

No sabemos por qué estos griegos querían ver a Jesús. Sólo podemos adivinarlo a partir de la respuesta que Jesús hace a la petición que sus dos discípulos le han transmitido: "Jesús les respondió diciendo: ha llegado la hora para que el Hijo del Hombre sea glorificado. De cierto, de cierto os digo, que si el grano de trigo no cae en la tierra y muere, queda solo; pero si muere, lleva mucho fruto. El que ama (se aferra a BS) su vida, la perderá; y el que aborrece (hace poco caso de BS) su vida en este mundo para vida eterna la guardará. Si alguno me sirve (quiere estar a mi servicio BS), sígame; y donde yo estuviere, allí también estará mi servidor. Si alguno me sirve (está a mi servicio), mi Padre le honrará. Ahora está turbada mi alma; ¿y qué diré? ¿Padre, sálvame de esta hora? Mas para esto (mas es precisamente para enfrentarla que BS) he llegado a esta hora. Padre glorifica tu nombre (manifiesta tu gloria BS)" (v. 23-28). Unos instantes más tarde dijo: "Y yo si fuere levantado de la tierra, a todos atraeré a mí mismo (Cuando haya sido elevado de la tierra, atraeré a todos los hombres a mí BS)", y Juan precisa: "decía esto dando a entender de qué muerte iba a morir (Mediante esta expresión aludía al modo en el que iba a morir BS)".

¿Cómo deducir de estas palabras el contenido de la petición que los griegos querían presentarle – y que Jesús pudo adivinar gracias a la facultad que tenía para leer los pensamientos, incluso de personas físicamente ausentes?

Estos griegos eran sin duda temerosos de Dios o prosélitos que habían venido a Jerusalén para participar de la fiesta de la Pascua. Habían oído hablar de Jesús y querían tener una entrevista personal con él. Tal vez estos griegos comprendieron que la acción de Jesús expulsando a los vendedores del Templo era en defensa de sus intereses, puesto que al venir a Jerusalén, tenían que adorar a Dios en medio del alboroto de un mercado de ganado y de un banco.

En cuanto a la actitud de estos griegos, F. Godet hace la siguiente sugerencia interesante: "Si estos extranjeros hubiesen sido testigos de la entrada de Jesús en Jerusalén y hubieran asistido a la expulsión de los vendedores – acto con el cual Jesús devolvió su uso verdadero a la única sección del santuario que les era abierta – se entendería mucho mejor su deseo de tener una relación más íntima con él. La historia eclesiástica (Eusebio I, 13) conservó el recuerdo de una embajada enviada por el rey de Edesa, en Siria, para invitarle a venir y establecerse en su país, prometiéndole una acogida real que le compensaría del antagonismo obstinado de los judíos. Siria era el país que se extendía al norte del lago de Galilea entre Damasco y el Mediterráneo. En el Siglo I, Siria era también el nombre de una provincia romana de la que Palestina formaba la parte sur oeste. En la circunstancia que comentamos, debemos reconocer, hacia los discípulos y Jesús mismo, una de las primeras manifestaciones de simpatía del mundo pagano por el Evangelio, el primer indicio del atractivo que su belleza moral iba pronto a ejercer sobre toda la humanidad".

¿Era este el objeto de la petición de los griegos: proponerle que viniera con ellos en la Diáspora donde su enseñanza sería acogida más favorablemente que en Israel, y donde se reconocería sin dificultad que era el Mesías? "La petición de estos griegos produce en Jesús una reacción particularmente profunda. ¿Por qué? Primero, despierta en él el sentimiento de su relación con este mundo pagano, que hasta ahora, había permanecido en un segundo plano en sus preocupaciones. Se ve destinado a extender su acción en este inmenso campo. Pero, él sabe que esta realeza espiritual no puede realizarse mientras no haya sido liberado él mismo de esta morada judía y elevado a una nueva forma de existencia: y esta transformación implica su muerte.

De esta forma el camino hasta el Calvario se perfila ante sus ojos como el único que puede conducir al establecimiento de un nuevo orden de cosas. Y esta es la razón por la que la petición de estos gentiles le sacude hasta el fondo de su alma (v.27). Los gentiles llaman a su puerta... todo el significado de la hora actual, sea para el mundo, sea para Israel mismo, queda encerrado en este hecho. Es una hora decisiva, es el anuncio de la gran revolución del universo. Así que, en lugar de contestar con un sí o con un no a la petición que le ha sido hecha, queda absorto en las reflexiones que evocan para él la actitud que la motivó" (F. Godet *Commentaire de l'Evangile de Jean* T. III p. 188-191 *passim*).

Acceder a su petición hubiera supuesto evitar la cruz. Por segunda vez (después de la transfiguración cuando el Padre le propuso entrar en el cielo sin pasar por la muerte), Jesús toma conscientemente el camino del sacrificio, único medio para nuestra salvación.

Por última vez, la tentación se le presentará cuando esté colgado en la cruz y los jefes de los sacerdotes, los especialistas de la ley y los responsables del pueblo digan: "Descienda ahora de la cruz *y creeremos en él*" (Mt. 27:42). No evitó la cruz. No bajo de la cruz. Era por nosotros, por vosotros y por mí, por nuestra culpa, porque no había otra posibilidad para salvarnos. "Fue necesario... que el Mesías padeciese" (Lc. 24:44,46) antes que se pueda anunciar el perdón de los pecados "a los hombres de todas las naciones" (v. 47 BS). Por esta razón Jesús resistió a todas estas tentaciones.

"Las últimas tentaciones de Cristo"

J. Ellul considera muy mediocre la película de Scorsese que lleva este título, pero "si Jesús conoció (¡y era necesario!) las tentaciones del hombre, humano demasiado humano, por qué no hubiera podido encontrar en algún momento esta tentación: tener hijos, una familia, la tranquilidad... Pero de eso no hay ninguna huella en los evangelios. Es una mera suposición. ¡Y si se dio, esta mediocridad tuvo que ser pasajera! Por lo que a sus ojos, un posible amor especial hacia María Magdalena fue enseguida descartado para poder entregarse a la obra que Dios le había encomendado" (J. Ellul *Si tu es le Fils de Dieu* p. 89).

La última tentación

"Dios mío, Dios mío, ¿por qué me has desamparado?". "La tentación que se presenta en este preciso momento es la tentación de la desesperación... si Dios abandonó a este hombre, su Hijo, entonces, nada tiene valor, no se puede confiar en este Dios 'mudo, ciego y sordo al clamor de sus criaturas'. La tentación de la desesperación, la última y más terrible que ninguna... 'Yo sé que eres mi Dios, lo sigo declarando, pero un Dios que ha dejado de amarme y en quien no puedo esperar más'. Por consiguiente, todos los que han podido conocer la desesperación deben saber que el Hijo del hombre la ha conocido antes que ellos; esta horrenda agonía del alma, del ser entero, Dios mismo la ha experimentado. Pero entonces, cuando acabó de atravesar el túnel de esta tentación, el Hijo del hombre declaró: 'Todo se ha cumplido' ('consumado es' RV). Ahora que he conocido lo peor que un hombre puede conocer, no queda nada más allá, ninguna tentación puede sobrevenir que no haya sido mía, de modo que lo he cumplido todo. Todo el sufrimiento y toda tentación están ahora en Dios" (J. Ellul *Si tu es le Fils de Dieu* p. 109-110).

CONCLUSIÓN

¿Cómo resistir a la tentación?

La Palabra de Dios y la experiencia nos proponen 10 medios para no ceder a la tentación:

1º **La oración.** Si oramos: "Guárdanos de ceder a la tentación", esperamos evidentemente que Dios nos ayude para fortalecer nuestra voluntad de resistencia a las diversas tentaciones. Además, sabemos que "pedimos algo que es conforme a su voluntad" dado que es Jesús quien nos enseñó esta oración, por lo tanto "él nos oye". "Y si sabemos que él nos oye... sabemos que tenemos las peticiones que le hayamos hecho" (1 Jn. 5:14-15). Podemos entonces apoyarnos en el cumplimiento de esta oración – que repetiremos en el momento de la tentación. Dios hará su parte; nos toca hacer la nuestra: negarnos a ceder a la tentación.

2º **La Palabra de Dios.** Aprendemos con el ejemplo de Jesús que su arma contra las sugerencias del diablo fue la Palabra de Dios. Cuanto más la conozcamos, tanto más podremos aprovisionarnos de proyectiles que podremos arrojar contra nuestro Adversario en el momento de la tentación: "¿Cómo pues, haría yo este grande mal, y pecaría contra Dios?" (Gn. 39:9); "¿Qué aprovechará al hombre si ganare todo el mundo, y perdiere su alma?" (Mc. 8:36).

3º **La fe.** La Palabra de Dios afirma: "Fiel es Dios, que no os dejará ser tentados más de lo que podéis resistir, sino que dará también juntamente con la tentación la salida, para que podáis soportar" (1 Co. 10:13 "Dios es fiel y no permitirá que seáis tentados más allá de vuestras fuerzas. En el momento de la tentación, preparará el medio de salir de ella para que podáis resistirla" BS).

"Dios no es hombre, para que mienta, ni hijo de hombre para que se arrepienta. El dijo, ¿y no hará? Habló, ¿y no lo ejecutará?" (Nm. 23:19)

"Dios no miente" (Tit. 1:2).

"Es imposible que Dios mienta" (Heb. 6:18).

Nuestra fe puede entonces con total certeza asirse de esta promesa que nos ha hecho: prepara para nosotros el medio de salir de la tentación para que podamos resistirla. Si sucumbimos, resulta que no nos habremos valido de este medio.

4º **La prudencia.** Después de orar como lo indicamos, no vamos a colocarnos en las situaciones mismas que favorecen la tentación. Tal vez conocéis la historia de este joven patrón que buscaba a un chófer. Se presentaron tres candidatos. "¿A qué distancia de un precipicio puede usted conducir su coche? les preguntó. – A un metro, respondió el primero. – A 50 centímetros, contestó el segundo. – Me alejaría tanto como pudiera del precipicio, dijo el tercero". Inútil precisar que este último fue elegido.

Si nos arrimamos demasiado a la tentación, flirteamos con ella y demostramos que nuestra oración no corresponde verdaderamente a nuestro deseo profundo. Si somos sinceros, haremos todo por nuestra parte para no exponernos de forma imprudente a las tentaciones a las que sabemos que somos vulnerables (nuestro "talón de Aquiles"). "Conócete a ti mismo": este viejo consejo de Sócrates nos será útil en nuestra lucha para vencer las tentaciones. Si conocemos nuestra debilidad en cuanto a la bebida o la comida, evitaremos todos los lugares y los encuentros donde sabemos que van a ofrecernos bebidas o comidas demasiado copiosas y donde nos será difícil decir no; si nos sentimos débiles ante personas de otro sexo, evitaremos provocar situaciones en las que nos podamos encontrar a solas, como fue el caso entre David y Betsabé. Si nos tientan páginas web pornográficas, pondremos el ordenador en un lugar frecuentado por los demás miembros de la familia o dejaremos la puerta de nuestro despacho abierta; nos prohibiremos el acceso a Internet al encontrarnos solos en casa o en nuestro lugar de trabajo, y repetiremos nuestra oración en el momento de encender el ordenador.

Si estoy tentado por una relación extra-conyugal, evitaré toda frecuentación con la persona en cuestión, me aseguraré de no encontrarme nunca solo con ella, renunciaré a llamarla o limitaré los intercambios a estrictas obligaciones profesionales. Disciplinaré mis pensamientos para que no se centren en esta persona: "¡Alto! Has pedido a Dios que te guarde de ceder a la tentación. Es el momento de demostrar que tu oración iba en serio, que quieres realmente lo que has pedido". Podríamos parafrasear así lo que dijo Jesús: "Si alguien alberga un pensamiento de deseo hacia una mujer (o un hombre), ya ha cometido adulterio con esta persona en su corazón". A no ser que se trate de dos personas solteras (o "solobataires". *NdT. juego de palabras para definir a las personas que después de cierto compromiso de pareja que han roto se encuentran nuevamente solas y disponibles para otro compromiso*); pero entonces, es preciso hacerse seriamente la pregunta: "¿Quiero casarme con esta persona?". Si la respuesta es no, todas las precauciones citadas arriba se imponen igualmente.

5º **Los aliados**. La táctica del diablo consiste en aislarnos ante la tentación. David se encontraba solo en Jerusalén, sus hombres estaban en el campo de batalla en Rabba. Jesús estaba solo en el desierto. Frente a la tentación también, "no es bueno que el hombre esté solo". Nos buscaremos pues aliados contra ella, "conjurados", para emprender juntos la guerra espiritual, hermanos en la fe a los que habremos podido confesar nuestras flaquezas y que orarán por nosotros ("guárdale de ceder..."), un amigo que intercederá fielmente por nosotros y nos hará de vez en cuando ciertas preguntas indiscretas. El pensar que tendríamos que confesarle una caída puede ser un medio más para guardarnos en el momento de la tentación.

6º **Velar a las puertas**. Sabemos por la Biblia y por nuestra experiencia que una de las puertas de entrada preferidas de la tentación es nuestro ojo. Por lo tanto, velaremos muy mucho sobre lo que ofreceremos a nuestros ojos como lecturas, programas de televisión y páginas de Internet. Si hemos aprendido, a expensas nuestras, la influencia negativa que puede tener la visión (o la imaginación) de ciertas escenas sobre nuestra resistencia a la tentación, para una próxima tentación, evitaremos suministrar esta ayuda.

7º **Ejercitar la voluntad**. El primer consejo de Dios a un hombre confrontado a la tentación fue: "Tú enseñoréate de él (el deseo malo)" (BS Gn. 4:7 "y tú te enseñorearás de él" RV). El autocontrol derivado de la voluntad juega un papel capital en la lucha contra la tentación. Por lo tanto, todo lo que fortalece nuestra voluntad nos dará una baza en nuestra lucha: ejercicios físicos, ayuno, el "cuarto de hora de la voluntad" de William James. El autocontrol es a la vez un fruto del Espíritu (Gl. 5:23) y un objetivo en nuestra santificación: "poniendo toda diligencia... para añadir a vuestra fe virtud,... dominio propio" (2 P 1:5-6).

8º **Las ocupaciones alternativas**. Si un río causa estragos en su curso, se desvía haciendo que tome un itinerario diferente. Las tentaciones atacan primero al nivel de los pensamientos; por consiguiente debemos actuar sobre ellas para darles otro curso. "Prevenir es mejor que curar" se aplica también en este particular. Cada vez que pienso en comer o en beber, desvío mi mente hacia una oración o una lectura. Si me tienta un sitio web prohibido me conecto a una página web cristiana o a otra página que corresponda a mi hobby. Cuando pienso en una persona que no es para mí, puedo orar por ella o por otros hermanos y hermanas tentados como yo.

Si me tienta el pasar demasiado tiempo en la tele o en los juegos de ordenador, me impongo obligaciones para estos momentos libres: tomar mi lista de intercesión, mi Biblia o un libro de edificación o de estudio, una historia que me apasiona, escribir a alguien, hacer un trabajo manual, tocar un instrumento, dibujar... "la ociosidad es madre de todos los vicios"; lo vimos con David. En todo caso es una poderosa aliada de la tentación. "La naturaleza aborrece el vacío". Evitemos pues los tiempos muertos teniendo siempre una ocupación para llenarlos.

9º **Una sana reflexión.** Un poco de sentido común puede a veces impedir que sucumbamos a la tentación: si cedo, ¿qué ventaja tendré? ¿Y cuáles serán las consecuencias?

Los Proverbios aluden a este tipo de reflexión para guardarnos de ceder al atractivo del vino, de la pereza y de la mujer frívola.

"El vino es escarnecedor (lleno de insolencia BS), la sidra alborotadora, y cualquiera que (se deja achispar BS) por ellos yerra no es sabio" (Pr. 20:1). "El que ama los placeres caerá en la indigencia, el que tiene debilidad por el vino y la gran vida nunca será rico" (21:17 BS; "Hombre necesitado será el que ama el deleite, y el que ama el vino y los ungüentos no se enriquecerá" RV). "No mires al vino cuando rojea, cuando resplandece su color en la copa. Se entra suavemente; mas al fin como serpiente morderá, y como áspid dará dolor. Tus ojos mirarán cosas extrañas, y tu corazón hablará perversidades. Serás como el que yace en medio del mar, o como el que está (bamboleándose BS) en la punta de un mastelero. Y dirás: me hirieron, mas no me dolió; me azotaron, mas no lo sentí; cuando despertare, (tendré que buscar aún algo que beber BS) aún lo volveré a buscar" (23:31-35 RV).

"Porque el bebedor y el comilón empobrecerán, y el sueño hará vestir vestidos rotos" (23:21).

"El que labra su tierra se saciará de pan; mas el que sigue a los ociosos se llenará de pobreza" (28:19). "El perezoso no ara a causa del invierno; pedirá pues en la siega, y no hallará" (20:4).

"Un poco de sueño, un poco de dormitar (te dices a ti mismo BS), y cruzar un poco las manos para reposo; así vendrá tu necesidad como caminante, y tu pobreza como hombre armado" (6:10-11). El resultado de un "poco de sueño", es un campo donde "las ortigas habían invadido todo, los espinos cubrían el suelo y la cerca de piedra estaba ya destruida" (.24:31 BS).

Los Proverbios ponen en especial sobre aviso contra el adulterio. Apelan a la "clarividencia" (5:2 BS) que discierne el "fin amargo como el ajenjo (5:4) que la mujer adúltera prepara para el que tiene relaciones con ella. "Sus pies descienden al Seol (lugar de los muertos BS v.5). "Aleja de ella tu camino, y no te acerques a la puerta de su casa; para que no des a los extraños tu honor, y tus años al cruel" (v. 8-9), es decir al marido de la mujer "que enfurecido por los celos, será despiadado el día de la venganza. No aceptará ningún rescate (indemnidad), ni querrá perdonar aunque multipliques los dones" (6:34-35 BS). Por esta razón "el que comete adulterio es falto de entendimiento, corrompe su alma el que tal hace (actuar así, es destruirse a sí mismo BS); heridas y vergüenza hallará, y su afrenta nunca será borrada". "Porque a causa de la mujer ramera el hombre es reducido a un bocado de pan; y la mujer caza (pone en gran peligro una vida preciosa) la preciosa alma del varón" (v.26). Todo el capítulo 7 pone en guardia contra una relación con "la mujer de otro", apelando a una sana reflexión sobre las consecuencias de semejante conducta.

Podemos aplicar esta "sana reflexión" a todas las otras tentaciones. Unidas a la oración, la prudencia y el ejercicio de la voluntad, permitirá a menudo triunfar sobre el Enemigo. A fin de cuentas, la cuestión determinante será la que Jesús hizo al discapacitado de la piscina de Betesda: "¿Quieres ser sano?" (Jn. 5:6). Le pregunté a un hombre que se quejaba de su dependencia con el tabaco: "¿Qué daría usted al que le mostrara la manera de ser librado de esta dependencia? – Le daría 500 euros, porque los recuperaría rápido. – Puede usted preparar el cheque". Al día siguiente, le pregunté si tenía el cheque. "No, me lo he pensado; en el fondo me agrada el gozo que me procura el fumar y no quiero privarme de él". "Quien tal haga no piense que obtendrá nada del Señor (ni la victoria sobre la tentación). Su corazón está dividido, es inconstante en todas sus empresas" (Stg. 1:8-9 BS). Ahora bien, "si alguno de vosotros tiene falta de sabiduría (para luchar contra la tentación) pídala a Dios, el cual da a todos abundantemente y sin reproche, y le será dada" (1:5).

10º **Refugiarse en Jesús**. Es el consejo que daba Madame Jeanne Guyon, una amiga de Fenelón (final del siglo XVII), en un libro que escribió mientras estaba encerrada en la Bastille por causa de su fe: "Conocer las profundidades de Jesucristo", libro del que cientos de ejemplares fueron quemados en las plazas públicas de varias ciudades francesas por orden de Luis XIV. He aquí lo que escribía:

"En el curso de esta aventura en la búsqueda de Dios, las tentaciones, así como las distracciones, son un problema que vais a encontrar. Vuestra actitud en este respecto os exige estar atentos. Porque si intentarais luchar directamente contra las tentaciones, el único resultado sería exacerbarlas. Además, en esta lucha, vuestra alma estaría lejos de esta relación íntima con el Señor. Sin embargo, lo fundamental es que esta relación íntima con Él sea siempre y ante todo la meta única de nuestra alma. Por consiguiente, cuando algo os tienta para pecar, o para dejaros distraer por cosas externas a Dios, haced simplemente lo siguiente: apartaos de este pecado y, al mismo tiempo, acercaos a vuestro Señor. ¡Así de sencillo!

"¿Qué es lo que hace un niño pequeño cuando tiene miedo o cuando está ansioso? No se queda ahí clavado para luchar contra lo que le asusta. Además, no volverá a mirar lo que le espanta. Sólo hace una cosa: corre para echarse en los brazos de su madre. Sabe que es donde tiene protección y seguridad. Es exactamente de este mismo modo que debéis huir de la tentación y correr para refugiaros en los brazos de vuestro Padre celestial.

"Si en vuestra debilidad intentáis atacar a vuestros enemigos, a menudo saldréis lastimados y derrotados. Pero, creedme, hay otro camino: en los momentos de tentación y de distracción poned vuestra fe en acción y así, os quedaréis simplemente en la presencia de Jesucristo. Os aseguro que encontraréis así una fuente de fuerza instantánea. Es lo que David mismo experimentó: 'A Jehová he puesto siempre delante de mí; porque está a mi diestra, no seré conmovido. Se alegró por tanto mi corazón, y se gozó mi alma; mi carne (cuerpo BS) también reposará (en seguridad BS) confiadamente' (Sal. 16:8-9). En Éxodo leemos también: 'Jehová peleará por vosotros, y vosotros estaréis tranquilos' (Ex. 14:14 mientras tanto, vosotros, guardad silencio BS)".

"Gracias sean dadas a (Alabado sea BS) Dios, que nos da la victoria por medio de nuestro Señor Jesucristo" (1 Co. 15:57). "Todo lo que es nacido de Dios vence al mundo, y esta es la victoria que ha vencido al mundo, nuestra fe" (1 Jn. 5:4).

Y si se demora la victoria...

¿Y si pese a todas estas precauciones seguís siendo tentados? Tenéis la victoria en el terreno de los hechos y de las palabras, pero siguen oprimiéndoos malos pensamientos, vuestra mirada vuelve al objeto de vuestros deseos y os dais cuenta de que no ha muerto vuestra codicia.

LAS TENTACIONES DE JESÚS

¿Qué significa todo aquello? ¿No nos prometió Dios llevarnos "siempre en triunfo en Cristo Jesús" y ser "más que vencedores" (2 Co. 2:14; Ro. 8:37 cf. 1 Jn. 5:4; Ap. 12:11)? ¿Por qué tengo que luchar contra estas viejas tentaciones? Tal vez haya un pasaje del Antiguo Testamento que nos puede ayudar a entender la intención de Dios. ¿Por qué cuando se consiguió la conquista de la Tierra prometida no eliminó Dios a todos los enemigos? Jue. 3:1-3 enumera las naciones que "dejó (subsistir BS) Jehová para probar con ellas a Israel, a todos aquellos que no habían conocido todas las guerras de Canaán; solamente para que el linaje de los hijos de Israel conociese (lo que es BS) la guerra, para que la enseñasen a los que antes no la habían conocido: (El Señor dejó pues BS) los cinco príncipes de los filisteos, todos los cananeos, los sidonios, y los heveos que habitaban en el monte Líbano, desde el monte de Baal-hermón hasta llegar a Hamat".

Dios quiere también que aprendamos a hacer la guerra a las tendencias de nuestro viejo Yo que subsisten en nosotros. En ninguna parte se nos dice que ha muerto nuestra "carne" (nuestra naturaleza pecaminosa, el hombre entregado a sí mismo - NdT. *o* dejado sólo, *eso es, sin ayuda externa*); nos toca a nosotros hacerla morir, "crucificarla" (Gl. 5:24).

Dios nos deja pelear contra nuestros deseos y nuestros malos pensamientos para que lleguemos a ser fuertes y victoriosos en él. Desea prepararnos para nuestra vocación celestial: tendremos que reinar con él.

Me vino a la memoria un viejo cántico alemán de Johann Kaspar Lavater (1741-1801): Fortgekämpft und fortgerungen... dice más o menos lo siguiente:

Es necesario luchar y pelear
Perseverar hasta la meta.
En la noche más oscura,
Tu Salvador está contigo
Y quiere animarte.

Te guía con su mano,
Confía en él y no dudes.
Si piensas que te ha dejado,
¡Ora y lucha sin desmayar!
Pronto, le darás gracias
Volverá tu gozo.

Pronto, verás su rostro,
Espera, pese a las lágrimas.
Quiere ejercer tu fe.
Dios, el Amor, sólo puede amar;
Pronto, terminará tu pesar.

Aleja tus ojos del mundo,
No mires atrás,
¡Ni a la izquierda, ni a la derecha!
Vuelve los ojos hacia Jesús,
Hacia tu morada celestial.

Muchos cristianos experimentaron esto mismo. Georges Matheson oraba:

"Señor, hazme cautivo
De tu santa voluntad...

Sucumbo a la pena,
¡Ah! ¡Guárdame en pie!
Sólo aquel encadenado a tu amor
De todo triunfa.

¡Señor, desármame!
¡Que mi temblorosa carne
De tu todopoderosa gracia
Experimente por fin la ley!

¡Bajo mis pies, las coronas
De un mundo condenado!
¡Los bienes verdaderos son los que das
A los que te han entregado todo!"

(Traducido por Ruben Saillens: *Sur les ailes de la foi* n° 308).

www.ingramcontent.com/pod-product-compliance
Lightning Source LLC
Chambersburg PA
CBHW070456100426
42743CB00010B/1645